dtv

Es gibt eine Küche, die märchenhaft ist und wenig kostet – außer Zeit und Sorgfalt bei der Zubereitung und Muße beim Genießen. Es gibt eine Küche, die traditionell ist und doch zukunftsweisend. Es gibt eine Küche, die einfach ist und doch reich – an Aromen, an Ideen. Wer sich nach all der Haute und Nouvelle Cuisine nach dieser ursprünglichen Küche sehnt, wer die Gourmandisen unserer Großmütter wiederentdecken will, findet hier phantastische Anregungen. Weil diese Art zu kochen ein Stück Kultur ist, beginnt das Buch mit einem Essay über die Besonderheiten der Landesküche. 137 Rezepte machen Lust zum Ausprobieren: Sie sind leicht nachzukochen, bodenständig, preiswert und am Angebot der Jahreszeiten orientiert. Die einfache Küche verzichtet auf alles Überflüssige und Üppige, auf Sperenzchen und Dekorationen. Prominente Befürworter dieser Küche geben in einem Fragebogen Auskunft über ihre kulinarischen Vorlieben. Stimmungsvolle Photographien, in denen die Atmosphäre eingefangen wird, aus der diese Küchenkultur gewachsen ist, wecken die Lust an der Reinheit der Produkte.

Dr. Eva Gesine Baur hat Germanistik, Kunstgeschichte, Musikwissenschaften und Psychologie studiert und außerdem eine Kochlehre absolviert. Sie arbeitet als Journalistin in vielen Bereichen, schreibt für ›essen & trinken‹ und viele andere Publikumszeitschriften, verfaßt Beiträge fürs Fernsehen sowie Bücher zu kunsthistorischen und psychologischen Themen.

Anuschka Seifert ist freie Journalistin und Reisebuchautorin. Sie arbeitet für den öffentlich-rechtlichen Rundfunk und fürs Fernsehen. Seit 13 Jahren lebt sie in Spanien. Bei ihren Streifzügen durch das Land guckt sie Hausfrauen und bekannten Köchen in die Töpfe und sammelt Rezepte aus allen Landesteilen.

Der Reichtum
der einfachen Küche

Spanien

Von Eva Gesine Baur
und Anuschka Seifert

Deutscher Taschenbuch Verlag

In der Reihe ›Der Reichtum der einfachen Küche‹ erscheinen außerdem:

Frankreich (dtv 36041)
Spanien (dtv 36042)
Deutschland (dtv 36043)
Österreich (dtv 36044)
Schweiz (dtv 36045)

Für Manuel, der die Kunst des Kochens entdeckt hat.

Originalausgabe
September 1997

Umschlagkonzept: Balk & Brumshagen
Umschlagbild: ›Stilleben‹ von Julio Peris Brell (1866–1944)
Produktion und Satz: Verlagsbüro Walter Lachenmann, Waakirchen
Gesetzt aus der Caslon (QuarkXPress 3.32 Mac)
Druck und Bindung: Appl, Wemding
Gedruckt auf säurefreiem, chlorfrei gebleichtem Papier
Printed in Germany · ISBN 3-423-36042-9

Inhalt

Sechs Prominente haben für dieses Buch einen kulinarischen Fragebogen beantwortet:

Miguel Torres, Winzer und Weinproduzent
Juan Azark, Koch
Juan de Rios Ramirez-Heredia, Journalist
Salvador Tavora, Regisseur
Javier Tomeo, Schriftsteller
Mariuja Torres, Reporterin

DIE LYRIK LIEGT IM EINTOPF, DER KNOBLAUCH ATMET POESIE

Warum die arme Küche Spaniens ein Gedicht ist

Die Landessprache auf Teneriffa, auf Mallorca und Ibiza ist mittlerweile Deutsch. Trotzdem scheint Spanien speziell für Deutsche ein einziges Mysterium zu sein. Wenn sie etwas nicht kapieren, dann handelt es sich um spanische Dörfer. Und wenn ihnen etwas seltsam oder verdächtig erscheint, kommt es ihnen spanisch vor.

Auf eine Frage allerdings wissen alle sofort eine Antwort.

Wie ist der Spanier? Jawohl, stolz. »Stolz will ich den Spanier«, hat der brave Schwabe Schiller gefordert. Stolz ist den Deutschen aber eine eher ungemütliche Eigenschaft. »Spanische Reiter« heißt nach wie vor eine Absperrung mit Stacheldraht, wozu der Duden nur hilflos bemerkt: »Die Herkunft dieser Bezeichnung ist unklar.«

Unklar? Keineswegs. Schließlich hat schon Immanuel Kant den Spaniern Hochmut unterstellt[1]. Und Dünkel, Stolz und Hochmut sind seelischer Stacheldraht. Leute, die sich damit umgeben, grenzen das Terrain ihrer Hoheitsrechte scharf ab. Wer wissen will, worin diese Rechte der stolzen Spanier bestehen, fragt am besten einen Spanier. Zum Beispiel einen bekennenden und leidenschaftlichen wie den großen Dichter Ramón Gómez de la Serna.

»Wir bestehen auf unserem Recht«, erklärte der ohne Umschweife, »auf einen soplillo...«[2] Ein Soplillo ist keine Waffe, sondern nur ein süßes weiches Biskuitgebäck. Und worauf noch? »... und auf einem heißen Würstchen an der Theke«, meinte Señor Serna. Und verriet damit das Geheimnis der spanischen Lebenskunst. Die Spanier sind Meister der einfachen Vergnügungen, der billigen Genüsse, der preiswerten Küche.

Die US-Bürger beanspruchen ihr gesetzlich verbürgtes Recht auf Glück, die Deutschen ihr Recht auf Gleichheit und Berufsfreiheit. Und weil sie das in vielen Fällen nur auf dem Papier besitzen, sind sie deprimiert. Die Spanier erweisen sich hier als überlegen: Sie setzen die Rechte so weit unten an, daß ihre Gewährleistung so gut wie sicher ist. Genau das gibt ihnen jenes Gefühl von Unabhängigkeit, das Fremde dann als Stolz oder Arroganz empfinden.

Der große Romancier Vicente Blasco Ibánez schrieb eine mythisch-erotische Geschichte über Dimoni, einen Star-Musiker der spanischen Provinz: Der Schalmeispieler versetzte Mädchen und Frauen in hysterische Zuckungen der Begeisterung. Der Dichter erzählt, wovon das Dorf-Idol träumte, wenn es den öffentlichen Auftritt hinter sich hatte. »Dieses Nachher«, heißt es, »war Dimonis Glückseligkeit, denn es bedeutete den Augenblick, wo er nach Abschluß der kirchlichen Fei-

er der Wachsamkeit des Festmeisters ledig war und im vollen Besitz seiner Freiheit die Schenke betrat. Da war ihm dann richtig wohl in seiner Haut bei den dunkelrot bemalten Weinfässern zwischen den Zinktischen mit einer Marmorierung, welche die runden Gläserabdrücke hinterlassen hatten, und er sog den abgestandenen Duft nach Knoblauchöl, Stockfisch und gebratenen Sardinen ein...«[3]

Zu den spanischen Grundrechten gehört es, die Papierserviette an jeder Bar oder Theke einfach fallenlassen zu dürfen. Dazu gehört der Kneipenbummel von Tapeo zu Tapeo an Sonn- und Feiertagen oder auch mal eine ganze Alltagsnacht durch. Und dazu gehört der Churro, ein in heißem Fett herausgebackenes, leicht säuerliches Schmalzgebäck.

Kein deutscher Dichter verfiele je auf die Idee, seine poetische Potenz an Krapfen zu verschwenden. In Spanien ist das durchaus ehrenwert. In seinem Liebeslied über Spaniens Hauptstadt erklärt der große Literat Ramón Gómez de la Serna, was diese Stadt charakterisiert. »Madrid ist, dabei zu sein, wie die Churreros ihre Churros machen, als würden sie Falschgeld herstellen, ein bißchen illegal in der Nacht, doch ganz legal in der Frühe.«[4]

Das Recht auf Churros ist jederzeit einklagbar. »In Madrid hat einer um vier Uhr morgens den Einfall, in eine abseits gelegene churrerìa zu gehen, in deren Öfen das Feuer so hell brennt, als wären sie die Öfen der nächtlichen Asphaltmaschinen. ›Laßt uns Churros in der Hölle essen!‹«[5]

Was Fremde an den Spaniern außerdem als Stolz empfinden, ist deren Talent, gewisse Probleme in Vorteile umzuinterpretieren.

Der Satiriker Hellmut Holthaus schrieb einmal, durch das Leben mancher Menschen ziehe sich kein roter, sondern ein lila Faden. Das sei der Faden der Zuspätkommer.

Durch den spanischen Alltag ziehen sich lila Stränge von ungeahnter Stärke.

Selbst Autoren, die die Spanier davor schützen wollen, mit Klischees zugekleistert zu werden, geben das unumwunden zu. In dem Bändchen »Die Spanier pauschal« warnt der Verfasser: »Man sollte von vornherein davon Abstand nehmen, schwierig zuzubereitende warme Gerichte auftischen zu wollen, ja man sollte warme Gerichte generell vermeiden, denn selbst falls die Gäste zur angegebenen Zeit eintreffen, werden sie sich unablässig darüber unterhalten, wie ihnen *das* gelungen ist und die ihnen vorgesetzten aufwendig gekochten Speisen gar nicht richtig zu würdigen wissen. Dinge, die lange warmgehalten werden können, kommen der spanischen Unpünktlichkeit entgegen. Oder einfach kalt und vorbereitet wie gazpacho.«[6]

In Spanien werden Rezepte geschätzt, die so interpretationsoffen sind wie das Wort »mañana«, das nur offiziell »morgen« heißt, aber ebenso »übermorgen«, »irgendwann die Woche« oder »vielleicht nächstes Jahr« bedeuten kann.

Rezepte, in denen es zwei, drei Fixpunkte gibt, an die man sich gefälligst zu halten hat, aus Gründen der Tradition und der Wiedererkennbarkeit, die sonst aber, weder was die Kochdauer noch die Inhalte angeht, allzusehr einengen.

Die Paella bietet eben diese Vorteile: Es gibt keine verbindlichen Angaben, was alles in diese Mischung hineingehört, noch weniger Vorschriften, wie lang oder kurz sie in der Pfanne zu sein hat. Man könnte also die spanische Küche als eine geniale Notlösung betrachten, besonders die authentische und einfache Küche.

Genau darin liegt die Charakterstärke der spanischen Eßkultur: Sie war und ist bis heute pragmatisch und arbeitet einem gewissen Phlegma nicht entgegen, sondern in die Hände.

Die einfache spanische Küche will und soll nicht imponieren, sondern schmecken. Sie will nicht tausend Inspirationen verwerten, sondern Reste. Sie will nicht eindrucksvoll vielseitig sein, sondern vielseitig verwendbar. Sie will nicht weltläufig wirken, sondern die kleine Welt der Tischgenossen beglücken.

Sie soll nur so viel Arbeit machen, wie unbedingt nötig. Nicht Kochkunst repräsentiert sie, sondern Lebenskunst.

Der große deutsche Reisende in Sachen Fressalien, Karl Friedrich von Rumohr, tut in seinem Werk über den ›Geist der Kochkunst‹ Spaniens Beitrag zu diesem Metier mit einer einzigen lästerlichen Bemerkung ab. »Denn von den frugalen, industrieledigen Spaniern ist es nicht zu erwarten, daß sie die leckerhafte Welt je, wenn auch nur mit dem geringsten aller Gerichte, bereichern sollten.«[7]

Ob es Einsicht war oder Einspruch aus den eigenen Reihen, wissen wir nicht. Jedenfalls hat Rumohr seinem Opus ein Ka-

pitel angehängt. »Bruchstück aus den Reisebemerkungen meines Vetters Ernst Krüsch, ehemaligen Kammerdieners, nunmehrigen Gastgebers zum Bären in Aranjuez.«

Der schreibt über die Nationalküche Spaniens: »Sie ist nicht mannigfaltig, nicht künstlich und daher durch übelverstandene Willkür und Erfindsamkeit sowie durch noch unglücklichere Nachahmung fremder Traditionen häufig entstellt, verkünstelt und verdrängt worden.«[8]

Damit, daß das Ungekünstelte die spanische Küche ausmacht und sympathisch macht, hat Herrn von Rumohrs Vetter ebenso recht behalten wie mit seinen Warnungen vor Entstellung. Eine Paella ist dort, wo die Touristen der mittleren Gehaltsklassen rudelweise einfallen, zum Luxus-Gericht mit teurem Meeresgetier aufgestiegen. Und weil Touristen ihre neuen Kenntnisse zuhause gern aufwärmen, ist sie auch im Tiefkühlfertigpack zu haben von Plattling bis Plön. Die Zarzuela haben gerade die spanischen Gastwirte in Deutschland auf das Preisniveau einer Bouillabaisse gehoben. Und Tapas-Bars in Deutschland sind gnadenlos chic. In Spanien sind sie die Wahlheimat derer, denen der Familienmief zuhause zu warm und die Straßenluft zu staubig ist; das Pendant zu Österreichs Kaffeehäusern. In Deutschland riechen die meisten Tapas-Bars nicht nach mediterraner Lebenslust, sondern nach dem Parfum der sogenannten Szene. Das Echte, unverfälscht, schlüge den meisten wahrscheinlich auf den Magen.

Was den Wahlspaniern, die auf Mallorca eine total authentische spanische Finca restauriert haben, nicht schmecken würde, ist das total authentische spanische Frühstück zwischen 10 und 11, der Almuerzo: Da gibt es Brot in Olivenöl getaucht und in gehacktem Knoblauch gewendet. Das erste Frühstück um 7 oder 8 ist zwar süßer, aber nicht schlanker. Es handelt sich um die besungenen Churros, also das fettgeschwängerte, süßsäuerliche Grundrecht.

Verdaubar und verstehbar wird die spanische Küche nur, wenn sie mit spanischen Lebensgewohnheiten verbunden ist.

»Madrid erholt sich«, schreibt Ramón Gómez de la Serna, »von halb zwei bis zwei Uhr nachmittags, es versichert sich seiner Wahrheit und vergißt alles, woran man sich nur ungern erinnert.«[9] Und auch wenn die spanischen Provinzen so eifersüchtig ihre Unverwechselbarkeit verteidigen wie eine Diva ihre Einzigartigkeit: Diese Eigenschaft der Kapitale ist auf das kleinste Kaff in der Estremadura übertragbar. Wer keine Siesta hält, hat also ebensowenig Chancen, ein Eingeweihter zu werden, wie diejenigen, die um acht zum Abendessen gehen und sich wundern, daß sich erst bei ihrem Aufbruch um zehn die Bude füllt. Und wer bei dem ersten Tapeo versumpft, anstatt die säkularisierte Wallfahrt von Kreuzwegstation zu Kreuzwegstation zu absolvieren, wird immer ein Tourist bleiben. Das Wesen der einfachen spanischen Küche ist derb, aber eigentlich recht klar und übersichtlich.

Die köstlichen Reizlosigkeiten

Leicht macht sie's einem nicht, sie zu lieben. Kenner sagen zwar, sie sei eine sinnliche, üppige Schönheit, aber sie tritt einem meistens ungeschminkt entgegen, Küchenduft im Haar und eine Kittelschürze am Leib. Anders gesagt: Vieles, was die einfache Küche Spaniens kennzeichnet, wirkt auf den ersten Blick reizlos bis schäbig. Der Garbanzo, zum Beispiel. Es handelt sich dabei um eine besonders dicke und grobe Sorte von Kichererbsen. Aber bekennende Spanier gewinnen gerade ihr delikate Seiten ab.

»Welches das typischste Geräusch von Madrid ist?« heißt es bei Ramón Gómez de la Serna. »Der Klang der Perlenschnur von Kichererbsen, die in eine Schüssel fallen, in der sie zum Einweichen über Nacht aufbewahrt werden«, beantwortet er die schicksalhafte Frage[10]. Schwarz allerdings sollte die Kichererbse nicht sein, dann verdirbt sie das ganze Gericht.

»Ser garbanzo negro de la familia«, heißt eine spanische Redewendung. Wörtlich übersetzt: »Die schwarze Kirchererbse der Familie sein.« Was soviel heißt, wie deren schwarzes Schaf zu sein. Und das kann, wie in einer Geschichte des hintergründigen Romanciers und Kriminologen Javier Tomeo, sogar eine sinnfällige Einheit bilden: In seiner tiefschwarzen Geschichte über ›Mütter und Söhne‹, einem ›Roman über Monster‹, führt der Sturz über ausgestreute Kichererbsen zum Todesfall.

»Sie legten«, sagt der Detektiv in seinem Fazit zum Täter, »ein paar Kichererbsen auf jede Stufe, versteckten sich im Treppenhaus und warteten auf das erste Opfer. Sie hofften vielleicht, daß es eines der Dienstmädchen sein würde, aber es war ihre Mutter.«[11]

Daß der Garbanzo wirklich existentiell ist, verrät eine andere Redewendung der spanischen Sprache. Was wir »Brötchen verdienen« nennen, dazu sagen die Spanier Garbanzos verdienen – »ganarse los garbanzos«. Und beim Puchero, einem der Nationalgerichte, ist sie unverzichtbar. Immerhin mahnte bereits der Vetter des Herrn von Rumohr bei seinem Puchero-Rezept: »...vorzüglich aber darf der Garbanzo, die große Kichererbse, der Spanier Lieblingsgemüse, nicht fehlen.«

Es kostet den Fremden eine gewisse Überwindung, den Garbanzo lieben zu lernen. Aber der Versuch lohnt sich – meistens.

Der spanienerfahrene amerikanische Schriftsteller James A. Michener beschreibt in einer Erzählung, wie er in die kleine alte Stadt Astorga gerät, in ein Lokal mit dem nicht eben anspruchsvollen Namen La Peseta. Wie ein hungriger Wolf fällt er ein, »aber schon beim Betreten sank mein Appetit, als ich die enge Gaststube und die vollgestopfte Küche sah. Aber noch ehe wir uns zum Essen niederließen, gerieten wir noch in diese Küche, wo sechs oder sieben ältliche Frauen herumhantierten und allerlei Töpfe geschäftig blubberten.«

»Nehmen Sie doch lomo de cerdo adobado«, redet ihm eines der alten Weiber ein. Daß lomo de cerdo die Schweinelende meint, kapiert er, weil sie draufzeigt. Aber abobado (was wörtlich »verblödet« heißt)? Ob das gut schmecke, fragt Michener. »›Wenn es fertig ist‹, setzte sie an, brach dann aber unvermittelt ab und schrie mich geradezu an: ›Mit Garbanzos!‹ Garbanzos? Die schweren, geschmacklosen Kichererbsen sollte ich nehmen, die so viele spanische Gerichte verderben? Nein, ich wollte keine Garbanzos, aber mit festem Griff packte sie mich am Arm und schleppte mich zu einem Topf, der anscheinend ihrer ganz besonderen Obhut anvertraut war. ›Sie haben keine Ahnung von Garbanzos‹, beschied sie mich kurz. ›Setzen sie sich hin und bestellen Sie Rioja.‹«

Das Fleisch, rühmt Michener, sei einzigartig gut gewesen. »Mehr aber noch erstaunten mich die Garbanzos.« Von dem zuerst angewidert beäugten Berg nimmt er sich eine tüchtige Portion, was die Köchin mit triumphierendem Lächeln quittiert. Und zum Dank verrät sie dem Konvertiten ihr Rezept.

»Ich lege meine Garbanzos zwei Tage lang in kaltes Salzwasser, lasse sie dann auf kleinem Feuer kochen, gebe, wenn sich ihr Geschmack voll entfaltet hat, etwas Geräuchertes dazu, drei verschiedene heiße Saucen, ein paar Kartoffeln und etwas Kohl und dämpfe das Ganze acht Stunden lang. Eine nahrhafte Speise. Ein schlechtbezahlter Arbeiter wird davon jedenfalls satt. Sie als reicher Norteamericano können sich Garbanzos als Zuspeise leisten.«[12]

Ähnlich unattraktiv wie Garbanzos sind die Migas, schlichte gebratene Brotwürfel, und auch sie entfalten erst bei richtiger Behandlung ihre Reize. Wieviel Bedeutung ihnen beigemessen wird, ist unüberhörbar. »Hacer buenas migas«, also gute Brotwürfel machen, meint, mit jemand gut auszukommen.

Migas erfüllen wie alle wirklichen Charaktertypen der einfachen spanischen Küche die Grundbedingung: billig, aber vielseitig sein. Migas werden nicht nur als Beilage zu jeder Art von

Speise gereicht, vom Gemüseeintopf bis zum Spiegelei, sie sind auch eine der unverzichtbaren Tapas. Sie können scharf sein (mit Paprika und Knoblauch), deftig (mit Speck und Chilischote), aber auch süß (mit Zucker und Orangenschale). Und sie können Fremde zuweilen sehr befremden, wenn sie mit Paprikapulver, Knoblauch und Schokolade zubereitet werden. Eines müssen die Migas, wenn sie aus der Pfanne und dem Olivenöl kommen, in jedem Fall sein: saftig. Daß diese Eigenschaft eine geradezu erotische Dimension besitzt, ist in Spanien sprichwörtlich: »La mujer hermosa, la migas jugosas« – »Die schöne Frau, die saftigen Brotwürfel«. Damit die Migas, die aus altbackenem Brot, am besten aus einer Hogaza, dem Bauernbrot, zubereitet werden, auch diese verführerische Qualität bekommen, wird das Brot über Nacht in ein feuchtes Tuch gewickelt. Falsch wäre es allerdings, aus der Migas-Kultur zu schließen, die Spanier seien den Deutschen geistesverwandt in der Anbetung des Brotes. Keinen Spanier zwackt das schlechte Gewissen, wenn er von dem Brot, das üblicherweise zweimal täglich vom Bäcker geholt wird, das ältere wegwirft.

Unscheinbar wie die Brotwürfel und doch von ungeheurer Entwicklungsfähigkeit sind auch die dicken Bohnen, die Fabas. Die Fabada Asturiana, die legendäre Bohnensuppe aus Asturien, wird von überzeugten Spaniern heiligmäßig verehrt und mit allen argumentativen Waffen verteidigt als eine Gottesgabe. Manuel Vázquez Montalbán, eine Kultfigur unter Spaniens lebenden Literaten, hat nicht zufällig seinen Ruhm mit einer Figur erworben, deren zentraler Lebensinhalt Essen und Trinken ist. Der Privatdetektiv Pepe Carvalho ist damit so populär geworden, daß sein Erfinder sich genötigt sah, den Kriminalromanen eine Gebrauchsanweisung zu Pepes kulinarischen Exzessen nachzuliefern, die Rezepte des Carvalho. Nicht das Buch zum Film, sondern das Kochbuch zu den Romanen, in dem die Freß-Passagen zu einer Anthologie vereint sind. In der ›Rose von Alexandria‹ heißt es:

« Besonders interessant war ein spanischer Schriftsteller gewesen, der jeden, der ihm zuhörte, davon zu überzeugen versuchte, daß der Bohneneintopf, neben den vollkommenen Gerichten arabischen Ursprungs, das beste Gericht der spanischen Küche sei. Dabei sagte er ›Bohneneintopf‹ mit einem Mund voll zerkochter Bohnen und Chorizo...«[13]

Wie lieb und teuer die billigen weißen Bohnen einem Spanier sind, belegt eine Stelle aus Vázquez Montalbáns Geschichte ›Carvalho und der tote Manager‹. Seinem Mann für alles, einem gewissen Biscuter, schafft der Held an, schnell das Auto aus der Garage zu holen und die sofortige Abreise vorzubereiten. Der protestiert. »›Ich hab die Bohnen auf dem Feuer. Was soll ich mit denen machen?‹ ›Nimm den Topf mit nach Vallvidrera! Dort kannst du weiterkochen.‹« Und nach einer nicht eben entspannten Fahrt, die Carvalhos Herzensfrau Charo durchheult, verheißen die Bohnen Trost und Stärkung. »Biscuter folgte ihnen die Treppe hinauf, in der einen Hand Charos Tasche, in der anderen den großen, verschnürten Porzellantopf mit Bohnen. Im Haus läßt sich Charo kraftlos auf die Couch fallen, während Carvalho den Kamin anzündet. Biscuter steht schon in der Küche, entfernt die Schnur von seinem Topf und steckt die Nase hinein, um herauszufinden, wie es den Bohnen geht.«[14]

Jedem Assistenten von Derrick oder dem Tatort-Kommissar wäre es hochnotpeinlich, seinem Chef eine Suppe aus weißen Bohnen hinterdreinzutragen. Weil dem Publikum ohnehin nur die verschossenen blauen Bohnen imponieren. Aber in Spanien findet die Aktion von Biscuter keiner in irgendeiner Weise komisch oder gar lächerlich. Favas oder Habas werden geachtet und gelten als Multitalente. Sie werden mit Kartoffelsalat vermählt oder mit Chorizo, der andalusischen Paprikawurst, oder mit Mongetes, der katalanischen Version davon; aber auch mit Schinken und Tomatensauce läßt man sie innige Verbindungen eingehen. Daß die Popularität der Favas oder Habas keine kulinarischen Provinzgrenzen kennt, beweist ein Ausdruck, der überall in Spanien verstanden wird: »En todas partes se cuecen habas« – überall kocht man weiße Bohnen. Was schlicht meint: Es wird überall nur mit Wasser gekocht.

Die Feinheiten des Mischmaschs

Cocidos heißen die Eintöpfe im allgemeinen. Aber es gibt für den Eintopf im besonderen noch viele andere Namen. Puchero oder Potache, Olla oder Afinada. Denn jeder Eintopf ist so sehr eine Persönlichkeit mit seiner ganz eigenen Vergangenheit, daß es geradezu beleidigend wäre, nur seinen Familiennamen zu kennen.

Einer tritt derart rustikal auf, daß Fremde ihn gerne unterschätzen, und es scheint auch so, als stelle er keinerlei Ansprüche. Die Rede ist vom Puchero. Puchero ist im Spanischen Synonym für Alltagskost. Und das wäre zumindest aus ernährungsphysiologischer Sicht sehr gesund. Schon der kluge Vetter des arroganten Herrn von Rumohr wußte, der Puchero sei »zwar selbst ein Mannigfaltiges, doch eine in sich geschlossene Einheit, in zweckmäßigster Vereinigung, der die zu einem nahrsamen und wohlschmeckenden Mahl erforderten Stoffe darstellt«. Was die Qualität des Puchero aber ausmacht, erfaßt Herrn Rumohrs Vetter mit verblüffendem Feinsinn. »Vegetabilisches und Animalisches in demselben Gefäße bis zur völligen Durchdringung der Säfte, nicht der Substanzen, gekocht, bilden den Puchero.«[15] Zu deutsch: Er darf nicht zu Matsch verkocht sein, muß aber solange geköchelt haben, daß die verschiedenen Aromen, vom Hammel bis zum Garbanzo, vom Fenchel bis zum Lauch oder den Zwiebeln, in einem geschmacklichen Koitus miteinander verschmolzen sind. Fragt sich angesichts solch preiswerten Wohlgeschmacks, was einem da die Tränen in die Augen treiben soll. »Hacer puchero« bedeutet nämlich nicht etwa, Eintopf zu kochen, sondern ein weinerliches Gesicht zu schneiden. Vielleicht sind es die Zwiebeln, der Lauch oder der Knoblauch, die beim Schneiden bekanntlich für nasse Augen und triefende Nasen sorgen.

Auch den anderen legendären spanischen Eintopf, die Olla, verbindet man im Umgangsspanisch nicht eben mit Glück und guter Laune: »Estar en la olla« heißt »in der Tinte sitzen«. Was aber nur darauf verweist, daß es schwer ist, aus so einer Situation herauszukommen. Denn ursprünglich bezeichnete Olla nur einen Schmortopf, der oben am Rand schmaler ist als unten. Aber schon im Mittelalter ist sie zum Begriff geworden, aufgestiegen zu einem Nationalgericht, das die begehrte Vielseitigkeit besitzt. So wie schon Francisco Goya die Majas, die jungen, einfachen Mädchen aus dem Volk, für ihr Talent rühmte, sich mit wenig Geld sehr effektvoll aufzumotzen, so ist auch die Olla ein volkstümliches Wesen, das sich eindrucksvoll aufputzen kann. Olla poderosa – mächtige Olla – nennt sie sich dann. Ein Verwandter der Olla nennt sich Cocidito oder Cocido. Und obwohl er in einfachsten Arbeiterkreisen zuhause ist, besitzt er ein solches Image in Spanien, daß sogar das Ritz in Madrid ihn einmal pro Woche auf die Karte setzt. ›Cocidito Madrileno‹ heißt ein Lied, in dem der Cocidito verklärt wird als das Gericht, das im Miss-Wettbewerb der besten Speisen gegen alle spektakulären Beautys gewinnt.

Was den Spaniern aufgrund des dicken lila Fadenstrangs in ihrem Leben jeden Eintopf so liebenswert erscheinen läßt, das hat ihm auch bei den Juden im Land Beliebtheit verschafft. Ihre Adafina, ein Eintopf mit hartgekochten Eiern, sorgt dafür, daß Jahwe zufrieden ist. Denn er wird am Freitagabend aufgesetzt und auf so kleiner Flamme gegart, daß er erst am Sabbat Mittag fertig ist. Der Sabbat wurde geheiligt und der Magen trotzdem angenehm gefüllt.

Wer meint, die Eintöpfe genierten sich in Spanien für ihr Image als Armeleuteessen, wird von Manuel Vázquez Montalbán und seinem Detektiv Pepe Carvalho eines Besseren belehrt. »Jeder Eintopf«, heißt es bei ihnen, »ist ein Schauspiel des Überflusses und gehört zu den kühnsten Erinnerungen an Hunger und Sättigung. Deshalb ist Carvalho (nach dem Verzehr eines solchen) auf eine urtümliche Art glücklich und geht mit klarem Kopf und sicherem Schritt auf die Straße hinaus.«[16] Und nicht mal eine halbe Seite später liegt er in den Armen einer vollbusigen Schönheit.

Vielleicht sollten wir alle den Eintopf mit spanischen Augen sehen: seine sinnliche Fülle, seinen Reichtum an Aromen. Dann ginge es uns danach vielleicht so gut wie Carvalho.

Die Delikatesse der kalten Küche

Faulheit war immer schon der Antrieb für große Erfindungen. Und das Phlegma, dessen zahllose spanische Dichter sich und ihre Landsleute bezichtigen, hat ebenfalls zu wunderbaren Kreationen geführt. Weil alles Träge aber immer den Weg des geringsten Widerstandes geht, haben sich die aus dem Hunger nach Bequemlichkeit geborenen Gerichte der jeweiligen Situation angepaßt.

Zum Beispiel der Gazpacho. Herrn Rumohrs Vetter in Aranjuez wußte schon vor mehr als zweihundert Jahren: »Auch hier ging die Entstehung von der einfachsten, wohlfeilsten und nahrhaftesten Zusammensetzung aus, und, irren wir nicht, so möchte sie an das höchste Altertum eines kriegerischen und arbeitenden Volkes anzuknüpfen sein; die Nahrung des wandernden Hirten, des Soldaten, des Boten, der, was von den allgemeinsten Erzeugnissen des Bodens sich unter der Hand findet, ohne zeitraubende Zurichtung, ja ohne Mitwirkung des Feuers zu bereiten wünschen wird; leicht und verdaulich, dabei nachhaltig und die Verdauungssäfte gegen den auflösenden Einfluß der brennenden Sonne zu stählen geeignet. Die Bereitung des Gazpachos ist folgende: Eine große Krume feinen Weizenbrotes wird in einen Mörser getan, mit Olivenöl, das durch den Geruch und Geschmack sich der Wahrnehmung aufdringt, genetzt, Salz, einige Knoblauchzwiebeln, allenfalls ein paar Schoten des grünen oder roten Pimiento dazugeworfen, das Ganze nunmehr zu einem steifen Brei zerstampft und frisch aus der Hand verzehrt.«[17]

Das, was der Ex-Kammerdiener dann als den Gazpacho »auf den Tafeln der Wohlhabenden« schildert, nur das ist dem Gazpacho, wie er heute üblich ist, sehr ähnlich: eine kalte rote Suppe mit diversen Zutaten von Brot- bis Speckwürfeln, von Gürkchen bis zu kleingehackten hartgekochten Eiern.[18] Immer noch kein gerade aristokratisches Essen, wenn man an die Hirschrücken und getrüffelten Gänse auf Europas Herrschertafeln denkt. Aber offenbar doch fein genug, um eine adrette kleine rundliche Spanierin namens Eugenia Montijo von Granada in der Heimat ihres Ehemanns berühmt zu machen. Sie war zufällig Gattin von Kaiser Napoleon II.

Der ursprünglich arabische Gazpacho war weniger geeignet, als folkloristischer Export auswärts gut anzukommen, denn er war eine reichlich blasse Erscheinung. Farbe bekam er nämlich erst durch die Mitbringsel der Eroberer aus der Neuen Welt: Tomaten und Paprikaschoten.

Konsequente Küchenmeister wie Juan de la Mata verschmähten solche Neuerungen noch Mitte des 18. Jahrhunderts. In seinem Buch über ›Die Kunst der Speisenzubereitung‹ beschreibt er einen Gazpacho, der aus Brotkrumen, einer Tunke aus zerriebenen Sardellengräten, Knoblauchzehen, Essig, Salz, Öl und Zucker hergestellt und nur mit ein paar Gemüseeinlagen angereichert wird.[19]

Essig und geriebenes Brot sind so ziemlich die einzigen *musts.* Ansonsten darf der Gazpacho nach Lust, Laune und Marktangebot abgewandelt werden. Er kann dünn sein oder dick (dann heißt er meistens Porra), er kann mehr oder weniger Olivenöl enthalten und mehr oder weniger Schärfe haben. Die Tatsache aber, daß er lang im voraus zubereitet werden kann und daß er kalt serviert wird, sorgt für warme Stimmung. Steht der Gazpacho einmal am Tisch, kann die Hausfrau (der Hausmann ist in Spanien auch heute noch kein sehr verbreitetes Phänomen) dort sitzenbleiben.

Die Tapas verschaffen ihr auf andere Weise eine Verschnaufpause. Die zuzubereiten, überläßt sie dem Tapeo. Selbst wenn moderne junge Paare gemeinsam von Tapa-Bar zu Tapa-Bar pilgern – eigentlich sind diese Paletten der Versuchungen dazu da, sonn- und feiertags die vorübergehende Entsorgung des Gatten, manchmal nebst Brut, zu gewährleisten, damit die Hausfrau daheim das Mittagessen in Ruhe herrichten kann. Zwar sind die Tapas nicht alle kalt, aber alle werden auf Vorrat gekocht und sind ohne großen Aufwand an Besteck zu verzehren. Tischdekoration, Tischsitten und Tafelkultur finden die meisten Spanier nämlich so wichtig wie die Debatte, ob ein Müsli zum ersten Frühstück nicht gesünder sei als der fette Churro. Tapas sind aus nacktem Pragmatismus geboren, wozu also sollten sie verkünstelt werden? Um die Fliegen und den Dreck am freien Fall in den Wein zu hindern, hatten die Wirte angeblich Brot-, Wurst oder Käsescheiben als tapas, zu deutsch Deckel, auf die Gläser gelegt.

Heute sind sie weniger Deckel als Basis für den Sherry oder den Wein, damit der nicht in einen leeren Magen einbricht.

Cazuelas heißen die Tapas, die in einer Cazuela, einem kleinen Tiegel aus Ton, kredenzt werden, in dem Albóndigas (Hackfleischbällchen) in etwas Sauce dümpeln oder Gambas in Knoblauchöl. Ein Gäbelchen und die obligatorische dünne Papierserviette reichen als Verzehr-Hilfe aus.

Auch die Madrider Pinchos – ein Stück kalte Kartoffelomelette oder ein paar Rädchen in Cidre gekochte Wurst – sind eßtechnisch unkompliziert. Meistens werden sie mit einem Pinchito, zu deutsch einem Spießchen, serviert. Der

Zahnstocher ist allerdings nur ein Angebot. Für weniger zimperliche Gäste in der Tapas-Bar gibt es Cosas de picar, die Sachen zum Picken mit den Fingern: Oliven, gefüllt mit Paprika oder Sardellen, ein paar Brocken Manchego-Käse oder einfach gesalzene geröstete Mandeln sind da besonders beliebt. Die Lust, aus der Hand zu essen, kann in der einfachen spanischen Küche ungeniert ausgelebt werden. Es muß nicht immer Hamburger sein.

Die wahren Werte des Billigfisches

»Wie kann ein gemeiner gebratener Kabeljau Gegenstand der Sehnsucht sein?« fragt Ramón Gómez de la Serna, allerdings nur rein rhetorisch.[20]

Sein jüngerer Kollege, der erwähnte Kultautor Manuel Vázquez Montalbán, hat ihm sogar ein Buch gewidmet mit dem Titel ›Reflexiones de Robinson ante un bacalao‹ – ›Robinsons Überlegungen angesichts einer Kiste Stockfisch‹.

Und er fleht: »Leser, falls eines Tages die Flasche des bescheidenen Schiffbrüchigen in deine Hände gelangt (...), dann vergiß nicht, was ich über den bacalao al pil pil gesagt habe und was ich dir jetzt über die zurrukutuna sagen werde.«[21]

Ersteres meint einen Klippfisch auf einem Bett von Zucchini und Minze, letzteres eine baskische Klippfischsuppe, die nach Meinung des Autors der Bouillabaisse hundertfach überlegen sei. Und geradezu zärtlich verrät er, der Name bedeute wörtlich übersetzt traulicher (kutuna) Schluck (zurrup).

Ob frisch als Kabeljau oder gesalzen und getrocknet als Klippfisch – Bacalao heißt er in beiden Fällen, und jeder Spanier beschwört diesen Gegenstand der Sehnsucht sofort als Inbegriff preiswerter Glückseligkeit.

Wie im Goldrahmen steht mitten in Vázquez Montalbáns Buch ›Zur Wahrheit durch Moral‹ der Satz: »Gut oder schlecht essen ist eine Frage der Bildung, essen oder nicht essen ist eine Frage des Geldes, vergiß das nie!«[22]

Carvalhos Rezeptbuch referiert diese essentielle Lebensweisheit im Kapitel über Klippfischpüree, Atascaburras genannt. Wer soviel Bildung hat, ein Bacalao-Gericht hinzukriegen, darf sich ruhig aufplustern. »Cortar el bacalao« meint, den Ton angeben, die erste Geige spielen. Fische einzusalzen, um sie haltbar zu machen: die Methode hatten die Spanier früh heraus und nannten sie Almadraba (so heißt auch das Thunfischnetz). Der frische Thunfisch ist nur leider mittlerweile kein Billiggericht mehr, genauso wenig wie der getrocknete, Mojama geheißen. Daß er, wie noch in den 30er Jahren, auf der Straße verkauft wird, erleben selbst die Einheimischen aber kaum noch. Schon gar nicht in so imponierender Gestalt, wie ihr Ramón Gómez de la Serna ein Denkmal gesetzt hat.

»Der Straßenhändler«, erzählte er, »der mojama, hartgekochte Eier und andere Köstlichkeiten verkauft, kommt näher, fast in Art eines Stierkämpfers, mit seinen großen Gefäßen,

schneidet dir mit dem schärfsten Messer der Welt ein Stück Mojama ab, das wie eine Zusammenfassung von Meer und Erde ist, wo sich das Dörrfleisch mit dem Walfisch vereinigt.«[23]

Nur tiefe Liebe kann getrockneten Fisch auf diese Weise verklären.

Daß Gerichte aus gedörrtem Fisch aber allgemein noch immer als »Köstlichkeit« gelten, ist am Weihnachtsabend auf vielen spanischen Eßtischen zu sehen: Zusammen mit einem Würzwein, einem Roten, in dem getrocknete Feigen, Pfirsiche und Äpfel mit Muskat, Zimt und Zucker mazeriert worden sind, wird als Festessen zum Beispiel ein Bacalao al ajoarriero – zusammengesetzt aus ajo = Knoblauch und arriero = Maultiertreiber – kredenzt, der satt mit Knoblauch, außerdem mit Chili, Paprika und Schweineschmalz geschmort worden ist.

Igittigitt?

Vorurteile?

Wer sie hat, schluckt sie mit dem ersten herrlichen Bissen hinunter.

Ähnlich glorifiziert wird der einfache Seehecht, die Merluza. Da fängt Ramón Gómez de la Serna gleich an, sich von der Prosa ins Lyrische zu erheben.

»Nichts ist so repräsentativ für Madrid wie die gebratene Merluza a la madrilena. Ihr Geheimnis liegt in ihrer Bescheidenheit. Nichts von Panieren, nichts von Schwimmen in heißem Öl wie in Andalusien, jede Scheibe wird einfach gebraten, wie man ein Ei brät. Niemand hat das vor sich hin Brutzelnde wichtig genommen, der Koch hat nur einen Blick darauf geworfen, und dann kommt die Merluza knusprig heraus, adrett, frisch wie eine Meereskeule, nicht zerfallen, aber auch nicht hart, ein Lied des Meeres und der Barkarole.«[24]

Um die Merluza noch begehrenswerter zu machen, behauptet er, »alle, die nicht Merluza bestellt haben, sehen sie voller Neid, sie wissen, was für eine Schönheit auf dem stockfischfarbenen Teller wie eine Prämie zerteilt wird«.

Vielen Fremden freilich vermittelt sich die Ästhetik dieses Fisches so gar nicht. Für sie hatte der Dichter, das wachsende Ernährungsbewußtsein der Nordeuropäer ahnend, bereits ein anderes Motiv für die Merluza auf dem Serviertablett: »Wenn man diese Merluza ißt, wird man von einer beginnenden Grippe geheilt, wird einem bedrückenden Vorgefühl der Rettungsring umgeworfen.«[25] Den braucht es dann wohl auch, um wohlbehalten durch den Verkehrsstrom nach Hause zu schwimmen. Denn Merluza heißt in der Umgangssprache auch Rausch.

Fisch billig einzukaufen und den Billig-Fisch noch billiger, ist keine Frage der Sparsamkeit, das ist in Spanien eine Frage der Ehre. Diese Tatsache verschafft dem Fremden, der auf einen provinziellen Fischmarkt gerät, ein einzigartiges Gratis-Schauspiel. Da umkreisen die Hausfrauen, manchmal auch Hausmänner, den Fischhändler mit demonstrativem Blick in den Himmel, aufs Meer oder die umliegenden Fassaden. Und treten dann in kürzer werdenden Abständen immer wieder an das Angebot heran. Um was zu tun? Über den Fisch zu schimpfen und ihn wortreich zu schmähen. »Dieses stinkende Zeugs willst du für diesen Wucherpreis loswerden? Nicht an mich.« Abgang des potentiellen Kunden, Spaziergang mit betontem Desinteresse am Fischhändler. Zweiter Auftritt. »Na bitte, du sitzt immer noch auf deinem halbverwesten Fisch, den kauft dir eben keiner ab für dieses Geld.« Der neue Preis ist immer noch eine Beleidigung. Nach mehreren rituellen Durchgängen erst sagt der Kunde mitleidsvoll: »Dann gib mir eben von diesen ekelhaften Polypen.«

Nur so hält sich der Preis in jenen Grenzen, die es Manuel Vázquez Montalbán erlauben, Fischgerichte unter der Rubrik »Die Küche der läßlichen Sünden« zu führen. Fleischspeisen rangieren unter »Die Küche der Todsünden«.

Das mythische Parfum des Knoblauchs

Wo liegt Maghrebinien? Seit Gregor von Rezzori mit seinen ›Maghrebinischen Geschichten‹ berühmt wurde, rätseln die Leser darüber. Und Kenner meinen zu wissen, es läge in Spanien. Dafür spricht bereits ein Satz am Anfang von Rezzoris Geschichten über sein Maghrebinien. »Der Schall der Glocken von den Zwiebeltürmen seiner Kirchen – aber in Wahrheit sind es keine Zwiebeltürme, sondern Knoblauchtürme, und der Knoblauch ist für Maghrebinien, was für Indien der Lotos ist – der vielstimmige Schall der Glocken.«[26]

Ein weiterer Hinweis: »Es ist ein Land, in dem man mit tausend Zungen spricht« – allein schon die vier romanischen Sprachgruppen Spaniens: Kastilisch, Galicisch, Baskisch, Katalanisch und die zahlreichen Dialekte sind besser nicht zu beschreiben –, »und nur eine Sprache: die einsichtstiefe Sprache weiser, knoblauchgesättigter Herzen.«[27]

Besserwisser, die auf den Koran, die zahlreichen Hamams und Moscheen verweisen, von denen in Rezzoris Maghrebinien die Rede ist, lassen sich aber mühelos außer Kraft setzen mit der Geschichte von dem »Mann, der einem Freund begegnete und, um sich zu brüsten, welch gutes Gericht er soeben gegessen habe, ihn raten ließ, was dies sei. ›Hauche mich an!‹ so sagte der andere. Er tat, wie ihm geheißen.« Der Esser haucht diverse Male. »Fisch mit Knoblauch?« rät der andere. Aber der Esser muß sein Rätsel selber lüften. »Erdbeeromelette.«[28]

Wer zum ersten Mal das Rezept für eine Mandel-Knoblauch-Suppe mit süßen Trauben liest oder Migas mit Knoblauch und Schokolade probiert, fühlt sich jedenfalls sofort nach Maghrebinien versetzt.

Wo auch immer einem aus der Literatur über Spanien der Atem der Geschichte entgegenweht: Er riecht nach Knoblauch.

George Sand, die Geliebte von Chopin, verfaßte nach ihrer gemeinsamen Mallorca-Reise den spottgewürzten Rapport ›Ein Winter auf Mallorca‹. Darin berichtet sie einigermaßen entnervt von einem wohl typischen Essenserlebnis auf der schönen Insel. »Zum Nachtisch kommt dann eine vertrauenerweckende Pastete mit einer Verzierung, die man für Orangenscheiben mit Mandeln, mit Zucker bestreut, halten kann, bis sich herausstellt, daß es sich um eine mit Knoblauch angereicherte Pastete mit Schweinsfrikassee handelt, daß die Orangenscheiben von Tomaten und Paprika stammen und daß die so unschuldig dreinschauende Zuckerstreu in Wirklichkeit schönes weißes Salz ist.« [29]

Eine Landsfrau von ihr, die Gräfin d'Aulnoy, hatte sich über ähnliches schon an die 250 Jahre früher aufgeregt. Als sie, im Jahr 1691, zum ersten Mal ein Abendessen in Spanien gegessen hatte: »Alles war so voll von Knoblauch und Safran und Gewürzen, daß ich nichts essen konnte.«[30]

Daß ein Zuviel an Knoblauch Scherereien einbringen kann,

scheint den Spaniern durchaus bewußt zu sein. Wie sonst ließe es sich erklären, daß »oler a ajo« zwar wörtlich heißt: nach Knoblauch riechen. Aber es meint: mit Problemen überhäuft sein. Daß sich der Genuß eines Gerichts mit Knoblauch in spanischer Dosierung nicht geheimhalten läßt, ist geradezu eine Plattitüde. »Estar en el ajo« bedeutet, ein Mitwisser sein.

Es gab also sicher von jeher indignierte ausländische Gäste und daher Grund genug für Alfons X. von Kastilien, im 14. Jahrhundert den Knoblauchgenuß versuchsweise offiziell zu verbieten. Wer Spanien und die Spanier riechen kann, weiß sofort, was ein Herrscher mit solchen Befehlen erreicht. In diesem Zusammenhang erscheint es also rätselhaft, daß jener König den Beinamen »Der Weise« bekam.

All-i-olli (so die ursprüngliche Schreibweise für Allioli) heißt die Sauce, die zurecht im Geruch steht, ein Wahrzeichen der spanischen Küche zu sein, noch dazu ein billiges: Sie besteht aus nichts als Olivenöl (daher »olli«) und Knoblauch (daher »all« vom botanischen Namen allium sativum). Daß ausgerechnet diese spanische Grundnahrung von den meisten Franzosen, die dazu Aioli sagen, für eine italienische Erfindung gehalten wird, muß jeden Spanier kränken.

Nur etwas für Feiglinge ist anscheinend das knoblauchfreie Pendant zur All-i-olli, die Salsa mahonesa. Denn Josep Plà, ein katalanischer Autor, hat dazu erklärt: »Mahonesa ist verglichen mit all-i-olli wie eine Hauskatze im Vergleich zu einem Löwen.«

Männer, die löwenstark, und Frauen, die wie Raubkatzen wirken wollen, halten sich also an die Power-Version. Oder an Blumenkohl oder Champignons in Knoblauch-Sauce, Knoblauchsuppe oder irgendeine etwas kräftigere Süßspeise wie die Maghrebinische Erdbeeromelette oder die geknofelten Migas mit Schokolade.

Die Universalität des unscheinbaren Eis

Eine bestimmte Silvesternacht bleibt dem unter Franco inhaftierten Dichter Manuel Vázquez Montalbán sein Leben lang in Erinnerung, nämlich »jene Silvesternacht im Gefängnis, als ich für die politischen Gefangenen aus fünf Kilo Kartoffeln eine Tortilla machte, ... alle waren betrunken und die Wärter tanzten die Flure entlang Can-Can.«

Nachdem bei der Tortilla, der spanischen Kartoffelomelette, neben unverzichtbarem Knoblauch und Zwiebeln ungefähr 6 Eier auf ein halbes Kilo Kartoffeln kommen, muß der Dichter also an die 60 Eier verbraten haben.

Und das war sicher im Sinn der anderen, denn das Ei genießt in Spanien von jeher eine große Verehrung. Und eine berechtigte: Schließlich ist es das wandlungsfähigste aller Naturtalente. Und auf Vielseitigkeit legen die Spanier in der einfachen Küche wie gesagt den allergrößten Wert. Von dieser Begabung gibt das Ei der Tortilla einiges ab, die nicht zuletzt deswegen besungen wird. Sie kann kalt oder warm, als Vorspeise oder Hauptspeise, als Tapa oder Brotbelag gegessen werden.

»Da schuf jemand la Tortilla / und nun ruft jeder: Qué maravilla!« – welch ein Wunder – reimte Tomàs de Iriarte schon vor zwei Jahrhunderten.

Wein und Tortilla gelten als eine märchenhafte Kraftnahrung. In dem alten Märchen von Pedros drei Geschenken wird erzählt, wie der arme Kerl drei Schreckensnächte durchhalten muß, um an drei Wunderdinge zu kommen. Nach jeder Nacht will er völlig erschöpft und entnervt den Krempel hinschmeißen, aber jedesmal beruhigt ihn sein Auftraggeber und päppelt ihn auf. Mit nichts anderem als Tortilla und Rotwein.

Wer die typisch spanischen Spiegeleier braten will, braucht nicht unbedingt in ein Rezeptbuch zu gucken: es genügt ein Kunstbuch mit Gemälden von Diego Velázquez. Auf einem unspektakulären Gemälde in der Edinburgher National Gallery, das sicher eines seiner schönsten ist, sieht man eine alte und offenbar arme Frau vor einer Cazuela, einem Tontiegel, sitzen, in die sie die Eier geschlagen hat. In der Linken hält sie einen Holzlöffel, rechts neben ihr stehen die übrigen Zutaten bereit: Olivenöl und Knoblauch, der im Mörser zerstoßen wird.

Kunstkenner entdecken in diesem Bild unendliche ästhetische Reize und auch ikonographische, Küchenkenner dagegen ganz präzise Informationen: Sie sehen, daß in der Cazuela Spiegeleier mit Puntilla, mit knusprigem Rand, entstehen, keine Abunuelados, wie die Spiegeleier mit Blasen im knusprigen Eiweiß heißen. Denn nur für die Puntilla-Version muß das heiße Öl mit dem Löffel auf die Eier geträufelt werden.

Wie ein basso ostinato zieht sich das Spiegelei und dessen Zubereitung auch durch den erwähnten Roman von Javier Tomeo über ›Mütter und Söhne‹.

Da Spiegeleier Ruhe brauchen und Konzentration, überrascht es den Erzähler, »daß sie es trotz des Geflennes fertig-

gebracht hatte, mir eine Zwiebelsuppe und ein paar Spiegeleier zu machen.«[31] Ein Mann gesteht ihm, daß seine Mutter eine ausgezeichnete Köchin gewesen sei und ihm Spiegeleier mit scharfer Paprikawurst zubereitet habe. Wenn das kein Qualitätsnachweis ist.

Aber nicht nur Künstler und arme Leute, auch die Herrscher Spaniens wußten Eier aus dem Tontiegel zu schätzen: Die Huevos a la flamenca haben ihren Namen vom Landsitz La Flamenca auf der königlichen Residenz Aranjuez. Dort wurden sie vor ungefähr zweihundert Jahren als Mahlzeit bei der Jagd aufgetischt und sofort zur Leibspeise eines Jagdteilnehmers – König Karls IV. von Spanien.

Es war zwar ein Franzose, nämlich Charles Monselet, der das Ei als Proteus rühmte, nach jenem weisen alten Meeresgott der Griechen, der sich in ungeheuer viele Gestalten verwandeln konnte.

Und es war wiederum ein Franzose, nämlich der Geschmacksphilosoph Grimod de La Reynière, der in seinem ›Almanach des Gourmands‹ (als Partwork von 1803 bis 1812 veröffentlicht) feierlich die Eier rühmte, sie seien »eines der herrlichsten Geschenke, welche die Vorsehung je dem menschlichen Appetit gemacht hat«.

Aber gerade die Spanier haben dem Ehrentitel »Proteus« zu seinem Recht verholfen. Nicht nur aus Gründen des Glaubens, denn der spanische Osterkuchen, die mit Eiern belegte Mona de pascua, verweist natürlich wie die Ostereier auch auf die Wiederauferstehung Christi. Symbol des Lebens und der Fruchtbarkeit ist das Ei schließlich in den meisten Kulturen und Religionen unseres Planeten. Die Spanier schätzen am Ei eben auch seine Unkompliziertheit. Was nicht bedeutet, es stelle keine Ansprüche: Wie ein Koch Spiegeleier brät, das gilt in Spanien als Maßstab für seine ganze Kochkunst.

Bei dem Erzähler in Tomeos Monster-Geschichte revanchiert sich eine Frau mit nichts als Spiegeleiern. »Sie bereitete sie mir ... mit der Sorgfalt einer Wirtin zu, die sich um die verlorene Gunst eines Gastes bemüht, der die Pension wechseln will.«[32]

Araber und Römer haben vor allem eine Flut an Kochideen für hartgekochte Eier in Spanien hinterlassen, was die berühmten Rezeptbücher des Martínez Montino aus dem 17. und die des Juan de Altamiras aus dem 18. Jahrhundert bezeugen, wo auch seitenweise Saucenrezepte aufgeführt sind, die zu harten Eiern passen sollen. Zum Beispiel eine aus Haselnüssen, Knoblauch, Öl, Minze und Petersilie.

Teuer waren Eier in Spanien nie. Auch wenn eine Redewendung das vermuten lassen könnte. »Costar un huevo« – das heißt zwar wörtlich: ein Ei kosten. Meint aber: ein Heidengeld kosten. Aber mit diesem Ei ist eines von den beiden gemeint, auf die auch der reichste Mann unter keinen Umständen verzichten will. Wer unbedingt meint, es brauche auch noch Speck zum Rührei, muß sich das leisten können.

Spaniens berühmtester ›Held‹ konnte das nicht. Der Speiseplan von Cervantes' Don Quichote warnt, daß Fleischfresserei einen Menschen in den finanziellen Ruin treiben kann.

»Eine Olla mit etwas mehr Rind- als Hammelfleisch zu Mittag, am Abend meistens Fleischsalat, an Samstagen Rührei mit Speck, an Freitagen Linsen und an Sonntagen das eine oder andere Täubchen als Draufgabe verzehrten Dreiviertel seines Einkommens.«

Wer sparsam ißt, speichert Aromen und damit Geschmack auf wirklich märchenhafte Art und Weise.

In einem chinesischen Märchen fragt der Kaiser von China einen Bettler, an dem er vorbeigeht, wie er sich einen so köstlich duftenden Tee leisten könne. Und der Bettler sagt: Er sei einmal reich gewesen und habe in guten Tagen die Teekanne nur nie ausgeputzt. Jetzt genüge es, heißes Wasser hineinzugießen.

In einem spanischen Märchen mit dem Titel ›Die Prinzessin als Äffin‹ wird das spanische Gegenstück dazu erzählt.

»Da rief die alte Äffin eine andere Äffin und sagt ihr: ›Hör, du, laß das Tuch bringen, mit dem die Pfannen ausgewischt werden.‹«

Was es gibt, wenn gar kein Geld da ist, verrät der spanische Ausdruck dafür, mit jemandem durch dick und dünn zu gehen: »contigo pan y cebolla« – mit dir Brot und Zwiebeln teilen.

Aber für sämtliche Provinzen Spaniens, ob ihr Profil scharf ist wie Chili oder sanft wie ein Churro, gilt, was die einfache Küche angeht, dasselbe: Getragen wird alles von zwei Eigenschaften, die Ramón Gómez de la Serna der Hauptstadt zuspricht – »Improvisation und Ausdauer.«[33]

Wem das einleuchtet, der hat die einfache Küche Spaniens verstanden.

Eva Gesine Baur

Literatur

1 Immanuel Kant stellte in seinen ›Beobachtungen über das Gefühl des Schönen und Erhabenen‹ folgende nationale Unterschiede fest: »Die Empfindung vor der Ehre ist am Franzosen Eitelkeit, an dem Spanier Hochmut..., an dem Deutschen Hoffart...«.
2 So steht es in Ramón Gómez de la Serna: Spaziergänge durch Madrid, Berlin 1992, S. 12.
3 Zitiert nach: Narradores Espagnoles – Spanische Erzähler. Die Generation von 1914, ausgewählt von Erna Brandenberger, München 1985, S. 11.
4 Aus Ramón Gómez de la Serna, Spaziergänge durch Madrid, Berlin 1992, S. 28.
5 ebd., S. 26.
6 Drew Launay: Die Spanier pauschal, Frankfurt am Main 1997, S. 69.
7 Karl Friedrich von Rumohr: Geist der Kochkunst. Reprint der zweiten Auflage von 1832 , Heidelberg 1994, S. 265.
8 ebd. , S. 324.
9 Ramón Gómez de la Serna, s.o., S. 14.
10 ebd. , S. 12.
11 Javier Tomeo: Mütter und Söhne. Roman über Monster, Berlin 1997, S. 122.
12 James A. Michener in der Erzählung ›Iberia‹, zitiert nach: Geschichten rund ums Mittelmeer. Auf den Spuren der Dichter, hrsg. von Manfred Barthel, München 1985, S. 118ff.
13 Manuel Vázquez Montalbán: Die Leidenschaft des Schnüfflers (Originaltitel: Las recetas del Carvalho), Reinbek bei Hamburg 1992, S. 131f.
14 ebd., S. 126f.
15 Rumohr, s.o., S. 325.
16 Vázquez Montalbán, s.o., S. 68.
17 Rumohr, s.o. S. 328.
18 ebd. S. 329.
19 Juan de la Mata: Arte de Repostería, Madrid, 1747.
20 Gómez de la Serna, s.o., S. 119.
21 Manuel Vázquez Montalbán, Robinsons Überlegungen angesichts einer Kiste Stockfisch, Berlin 1997, S.75–77.
22 Manuel Vázquez Montalbán, s.o., S. 37.
23 Ramón Gómez de la Serna, Die Leidenschaft, S. 86.
24 ebd., S. 119f.
25 ebd., S. 120.
26 Gregor von Rezzori, Maghrebinische Geschichten, Reinbek bei Hamburg 1953, S. 8.
27 ebd. S. 9.
28 ebd. S. 128.
29 George Sand: Ein Winter auf Mallorca, zitiert nach der Ausgabe dtv klassik, München 1985, S. 202.
30 Peter Heine, Kulinarische Studien zur Kochkunst im arabisch-islamischen Mittelalter, Wiesbaden 1988.
31 Javier Tomeo, a.a.O., S. 23.
32 ebd., S. 33.
33 Gómez de la Serna, s.o., S. 20.

Zeichenerklärung:

∗ = einfach

∗∗ = braucht etwas Zeit

∗∗∗ = braucht Übung

ALTE LUMPEN **

Andrajos

Ein Resteessen, dem die Gitanos (Zigeuner) seinen Namen gegeben haben.

2 Tomaten
Zucker
Salz
2 Knoblauchzehen
1 Zwiebel
1 grüne Paprikaschote
1 EL Paprikapulver
Olivenöl
400 g Kartoffeln
200 g Mehl
¼ l Wasser
½ Bund Pfefferminze
200 g Stockfisch
100 g Garnelen
Safran

Die Tomaten überbrühen, häuten und mit einer Gabel zerdrücken. Mit Zucker und Salz abschmecken und beiseite stellen. Knoblauch und Zwiebel hacken. Die Paprikaschote waschen und kleinschneiden.

Olivenöl in einer Pfanne erhitzen, Knoblauch, Zwiebel und die Hälfte des Paprikas anbraten. Die Tomaten darübergießen, mit Salz und Paprikapulver abschmecken und köcheln lassen.

Die Kartoffeln schälen, in feine Scheiben schneiden und dazugeben. Das Ganze 25 Min. auf kleiner Flamme kochen lassen und ab und zu umrühren.

Aus Mehl, Wasser und 1 TL Salz einen Teig bereiten, dünn ausrollen und mit einem Wasserglas Kreise ausstechen.

Die Pfefferminze fein hacken. Den Stockfisch – ohne ihn zu entsalzen – in der Pfanne anbraten, abkühlen lassen, entgräten und in kleine Streifen reißen. Stockfisch, Garnelen, den restlichen Paprika, Pfefferminze, Safran und Teigkreise in die Pfanne geben, ½ l Wasser angießen und 30 Min. auf kleinster Flamme köcheln lassen. Heiß servieren.

Fleischpastete ***

Empanada

Knusprige Teigtaschen mit pikanter Füllung sind arabischen Ursprungs und in ganz Spanien verbreitet. Berühmt ist die galicische Empanada, eine Teigtasche im Großformat. Paco Vilas vom Casa Vilas in Santiago de Compostela füllt sie am liebsten mit Fleisch. Hier sein Rezept:

Für den Teig:
400 g Mehl
150 g Schmalz
¼ l Wasser
1 Ei
Salz
Für die Füllung:
3 Knoblauchzehen
4 Zwiebeln
4 rote Paprikaschoten
500 g mageres Schweinefleisch
150 g Schinken (Jamón Serrano)
4 Tomaten
Zucker
1 Lorbeerblatt
⅛ l Weißwein
Salz, Pfeffer
Safran
Mehl
Olivenöl
1 Ei

Mehl und 125 g Schmalz in einer Schüssel vermengen. In die Mitte eine Mulde drücken. Wasser, Ei und eine Prise Salz hineingeben und den Teig verkneten. Die Schüssel mit einem Tuch zudecken und beiseite stellen.

Inzwischen die Füllung zubereiten: Knoblauch und Zwiebeln hacken. Die Paprikaschoten waschen und aufschneiden, Stielenden und Kerne entfernen; der Länge nach in Streifen schneiden.

Einen Topf mit Wasser aufsetzen. Schweinefleisch und Schinken in kleine Würfel schneiden. Das restliche Schmalz in einer Pfanne erhitzen, das Fleisch dann scharf anbraten, Knoblauch, Zwiebeln und Paprika zugeben und dünsten.

Die Tomaten überbrühen, häuten, halbieren, den Stielansatz entfernen und mit einer Gabel zerdrücken. Eine Prise Zucker zugeben, um den Tomaten den sauren Geschmack zu nehmen. Mit Salz abschmecken, ein Lorbeerblatt dazugeben. In einer kleinen Pfanne scharf anbraten und 10 Min. köcheln lassen. Den Weißwein in die Tomatensauce rühren; Fleisch und Gemüse mit der Sauce ablöschen. Die Zutaten gut vermischen und so lange köcheln lassen, bis die Flüssigkeit verdunstet ist. Mit Salz, Pfeffer und Safran abschmecken und beiseite stellen.

Den Backofen auf 175 ° C vorheizen. Den Teig auf einer bemehlten Arbeitsfläche sehr dünn ausrollen und in der Mitte durchschneiden. Die eine Hälfte auf ein geöltes Backblech geben. Den Teig an allen Seiten überlappen lassen und überall mit der Gabel einstechen, damit er sich beim Backen nicht aufwirft. Die Füllung gleichmäßig verteilen. Dann die andere Hälfte des Teiges so über die Füllung legen, daß die Teigränder aufeinanderliegen. Den Rand einmal falten und mit einer Gabel andrücken. Die Teigdecke mehrmals mit einer Gabel einstechen. Ein Ei aufschlagen und den Teig damit bestreichen. Im Ofen in 45 Min. goldbraun backen.

Miguel Torres

Winzer und Weinproduzent
Jahrgang 1941
Geboren in Barcelona

Wenn Sie zwei Wochen lang jeden Tag das gleiche essen müßten, wofür würden Sie sich entscheiden?
Für Salate.

Auf welchen kulinarischen Luxus können Sie mühelos verzichten?
Auf Kaviar, Austern und Trüffeln.

Was war Ihre Leibspeise in der Kindheit?
Albondigas (Klößchen) – und Quiche.

Was sind für Ihr Gefühl die drei Grundbestandteile der ursprünglichen spanischen Küche?
Olivenöl, getrocknete Hülsenfrüchte (Kichererbsen, Bohnen, Linsen) und frische Gemüse (Knoblauch, Zwiebeln, Tomaten).

Hätten Sie nur eine ganz schmale Rente: Wovon würden Sie sich vor allem ernähren?
Von Linsen und Reis.

Sinnlose Verschwendung: Woran denken Sie da im Bereich Essen und Trinken?
An Plastikflaschen und zu viel Verpackung, speziell mit Aluminium.

Welches ist für Sie das beste klassische Gericht Ihrer Heimat?
Peus de Porc (Schweinsfüße) und Arroz negre (schwarzer Reis, also Reis mit der Tinte des Tintenfischs).

Was ist der schlimmste gastronomische Brauch des 20. Jahrhunderts?
Schnell zu essen, ohne Wein dazu zu trinken.

Bei welchem Essensduft werden Sie schwach?
Dem von Gewürzen.

Sie bereiten ein Liebesmenü für zwei, das sich auch ein Student oder Lehrling leisten könnte. Was gibt es zu essen, was gibt es zu trinken?
Gazpacho oder Fideuà – ein Gericht, ähnlich wie Paella, aber mit feinen Nudeln, Ziegenkäse und spanische Weine.

Welches spanische Gericht ist zu Unrecht vergessen?
Carn'd'Olla (ein Eintopfgericht).

Wenn Sie in Spanien authentisch, einfach, gut und preiswert essen wollen. Wo gehen Sie hin?
In eine Tapas-Bar in der Altstadt von Barcelona.

KICHERERBSENSALAT *

Ensalada de garbanzos

Kichererbsen gehören neben Bohnen und Linsen zu den wichtigsten Hülsenfrüchten in der spanischen Küche. Man findet die proteinhaltigen Garbanzos in Suppen, Eintöpfen, Pfannengerichten und, wie hier, auch im Salat.

500 g getrocknete Kichererbsen
Salz
1 Lorbeerblatt
2 Eier
1 Zwiebel
1 Knoblauchzehe
1 Bund Petersilie oder Pfefferminze
3 Tomaten
4 EL Olivenöl
2 EL Weinessig
Pfeffer
100 g Thunfisch, in Öl eingelegt

Die Kichererbsen über Nacht in Wasser einweichen. Am nächsten Morgen abgießen. Mit Salz und Lorbeerblatt in einem großen Topf zum Kochen bringen und 1 bis 1 ½ Std. köcheln lassen. Inzwischen die Eier hartkochen und beiseite stellen.

Zwiebeln, Knoblauch und Petersilie oder Pfefferminze fein hacken. Tomaten und Eier vierteln.

Aus Olivenöl, Essig, Knoblauch und Petersilie eine Marinade machen, mit Salz und Pfeffer abschmecken und mit Thunfisch, Eiern und Tomaten vermischen. Die gekochten Kichererbsen auf einem Sieb abtropfen lassen und noch heiß unter die anderen Zutaten mischen. Den Salat abkühlen lassen und bei Zimmertemperatur servieren.

Hühnerkroketten **

Croquetas de pollo

Kroketten werden in Spanien als Vorspeise oder als Tapa gereicht. Sie schmecken heiß und kalt. Die Basis fast aller Krokettenvariationen ist eine Béchamelsauce.

Olivenöl
1 Knoblauchzehe
200 g Hähnchenbrustfilet
Salz, weisser Pfeffer
1 Zwiebel
¼ l Milch
1 EL Butter
6 EL Mehl
1 Prise Muskat
3 EL Sahne
1 Ei
5 EL Semmelbrösel

Olivenöl in einer Pfanne erhitzen, den feingewiegten Knoblauch anrösten und das Hähnchenbrustfilet darin 5 Min. bei mittlerer Hitze braten. Mit Salz und frischgemahlenem weißen Pfeffer abschmecken.

Die Zwiebel fein hacken. Das Filet herausnehmen und abkühlen lassen. Die Milch im Topf erhitzen. Die Zwiebel in 1 EL Butter und 1 EL Mehl hellgelb anschwitzen, die kochendheiße Milch langsam einrühren. Mit Salz, weißem Pfeffer und Muskat würzen, mit der Sahne verrühren und 5 Min. einkochen lassen.

Das Filet fein hacken und unter die Sauce rühren. Die Masse auf einem Blech verstreichen und für mindestens 4 Std. in den Kühlschrank stellen.

Mit bemehlten Händen 20 Kroketten aus dem Teig formen. Mit einer Gabel das Ei in einem Teller aufschlagen, Mehl und Semmelbrösel auf zwei weitere Teller geben. Die Kroketten zuerst im Mehl, dann im Ei und zum Schluß in den Semmelbröseln wenden.

Die Kroketten in sehr heißem Olivenöl fritieren. Auf Küchenpapier abtropfen lassen.

KROKETTENVARIATIONEN **

Basis für die folgenden Krokettenvariationen, mit Ausnahme der Brotkroketten, ist eine Béchamelsauce. Erst wenn sie dick eingekocht ist, werden die anderen Zutaten dazugegeben. Wie bei den Hähnchenbrustkroketten wird die Masse in den Kühlschrank gestellt und kann nach vier Stunden fritiert werden. Je nach Geschmack kann man auch feingewiegte Petersilie hinzufügen.

KÄSEKROKETTEN

Croquetas de queso

200 g geriebener Manchego-Käse

SCHINKENKROKETTEN

Croquetas de jamón

200 g kleingeschnittener luftgetrockneter Schinken (Jamón de Serrano oder Jamón de Jabugo)

STOCKFISCHKROKETTEN

Croquetas de bacalao

200 g kleingeschnittener Stockfisch

BROTKROKETTEN

Panecillos

In Spanien ißt man viel Weißbrot, trotzdem bleiben in jedem Haushalt ansehnliche Mengen davon übrig. Nach ein paar Tagen ist es hart. Viele Hausfrauen heben es auf und verarbeiten es vielfältig und oft sehr originell für Speisen wie zum Beispiel die Panecillos.

2 Eier
250 g Semmelbrösel
1 Knoblauchknolle
1 Bund Petersilie
Saft einer halben Zitrone
Olivenöl
Salz

Aus altem Brot Semmelbrösel herstellen. Die Eier mit einer Gabel verschlagen und mit den Semmelbröseln vermischen. Die Zehen einer ganzen Knoblauchknolle schälen und fein hacken. Die Petersilie hacken. Knoblauch, Petersilie und Zitronensaft mit der Masse verkneten.

Olivenöl in einer Pfanne erhitzen. Mit bemehlten Händen Kroketten aus der Masse formen und im heißen Olivenöl in 5 Min. goldgelb ausbacken. Auf Küchenpapier abtropfen lassen.

Gebratene Brotwürfel und Getreidebrei

Migas y gachas

Migas und Gachas werden seit Jahrhunderten in allen Regionen Spaniens in verschiedensten Variationen zubereitet. Es gibt Migas und Gachas für Arme und für Reiche, und sie werden mal süß, mal salzig zubereitet. Heute ißt man sie meistens als Vorspeise oder als Nachtisch.

Die gewürzten Migas dürfen in Extremadura als Beilage zu gebratenen Eiern nicht fehlen. Sie können aber auch als Hauptgericht mit Weintrauben oder gebratenem Schinken serviert werden. In Andalusien werden Gachas mit Zimt oder Schokolade gereicht.

Früher wurden die Gachas aus Weizen-, Hirse- und Platterbsenmehl zubereitet, seit der Entdeckung Amerikas dann auch mit Maismehl.

Zum Erbe der Araber gehört das berühmte Alcuzcuz, ein mit Honig und Kichererbsenpüree angereicherter Mehlbrei, der im Königreich Granada ein Grundnahrungsmittel war.

Spaniens Reichtum an Getreide war der Hauptgrund dafür, daß der schon in der Bibel erwähnte Getreidebrei so populär wurde. Für die Armen waren Gachas oft die einzige Mahlzeit. Sie wurden über dem offenen Feuer mit Schmalz im großen Eisenkessel oder in der Pfanne zubereitet, aus der alle gemeinsam mit einem Holzlöffel aßen.

In Andalusien sind die Gachas de Todos los Santos berühmt. Sie werden in der Nacht vor Allerheiligen verzehrt. Auf den Kanarischen Inseln wird noch heute an Festtagen der Gofio gereicht, ein Mehlbrei, der aus Honig, Milch oder Wasser, Salz und Platterbsenmehl zubereitet wird. In Galicien gibt man ein Ei und Schweineblut dazu. Letzteres verleiht dem typischen Nachtisch namens Freixós die rötliche Farbe.

Auch die Migas sind ein Gericht der Hirten und armen Leute. Dazu wird das Brot in kleine Würfel geschnitten und in Schmalz oder anderem tierischen Fett eingeweicht, mit Paprika bestreut und, wenn es der Geldbeutel erlaubte, mit Chorizo (Paprikawurst) oder Schinken verfeinert und in der Pfanne gebraten.

Eine Mischung aus Gachas und Migas gibt es auch: Die sogenannten Gachamigas, die nichts anderes sind als Getreidebrei mit gerösteten Brotwürfeln. Die Gachamigas, auch unter dem Namen »Gericht der Blöden« bekannt, war die Hauptmahlzeit der ganz Armen, die »Gleiches mit Gleichem« essen mußten: Mehl mit Mehl.

Gebratene Brotwürfel **
Migas

Dieses Rezept stammt von Miguel Angel Aliagaje, dem Chefkoch der rustikalen Venta del Chachirulo in Zaragoza. Seine Devise: Gut soll es schmecken, aber der Aufwand muß sich in Grenzen halten.

250 g altbackenes Weißbrot
2 TL Paprikapulver
Olivenöl
150 g Speck
3 Knoblauchzehen
1 Guindilla (kleine, getrocknete Chilischote)
Salz

Das Brot entrinden, in kleine Würfel schneiden und in eine Schüssel geben. Ein bißchen Wasser über das Brot träufeln und ein paar Stunden ruhen lassen. Das Brot soll weich werden, aber nicht durchgeweicht sein. Mit Paprikapulver bestreuen (wer es nicht pikant mag, nimmt edelsüßes Paprikapulver) und gut vermischen. Die Schüssel mit einem Tuch abdecken und nochmals ein paar Stunden ruhen lassen.

Olivenöl in einer Pfanne erhitzen. Den Speck mit feingewiegtem Knoblauch und der kleingehackten Chilischote anbraten. Zum Schluß die Brotwürfel in die Pfanne geben und die Migas unter ständigem Rühren knusprig braten. Mit Salz abschmecken und heiß servieren.

Gebratene Brotwürfel nach Art von Teruel **

Migas de Teruel

Dieses Rezept stammt von dem berühmten Schriftsteller und Chronisten Domingo Gascón aus Teruel. Er veröffentlichte es im Juli 1892 im Kulinarischen Almanach.

250 g altbackenes Weißbrot
Salz
4 EL Olivenöl
2 Knoblauchzehen
100 g Schokolade oder 3 Tomaten

Das Brot entrinden und in kleine Würfel schneiden. Ein bißchen Wasser über das Brot träufeln und über Nacht ruhen lassen. Olivenöl in einer Pfanne erhitzen, den feingewiegten Knoblauch darin goldbraun braten und wieder aus der Pfanne nehmen. Jetzt die Brotwürfel im knoblauch-parfümierten Olivenöl anbraten.

Sind die Migas als Nachtisch oder als Vesper gedacht, werden sie trotz des Knoblauchs mit Schokolade vermischt. Dazu Schokolade mit wenig Wasser aufkochen und heiß über die Migas geben.

Als Vorspeise oder Hauptgericht werden sie mit Tomatensauce serviert. Dazu die Tomaten überbrühen, häuten, halbieren, den Stielansatz entfernen und mit einer Gabel zerdrücken. Den Tomaten eine Prise Zucker beigeben, um ihnen den sauren Geschmack zu nehmen, mit Salz abschmecken und über die Migas geben. In der Pfanne köcheln lassen, bis die Tomaten eingedickt sind.

Getreidebrei nach Art der Mancha **

Gachas manchegas

Die Mancha gehört zur Tierra del pan, dem Brotkorb Spaniens. Charakteristisch für die einfache unprätentiöse Küche der Region sind die Gachas: eine jahrhundertealte Mahlzeit.

200 g Schweinebauch
Olivenöl
1 EL Paprikapulver
1 TL Nelkenpulver
1 TL Dill
400 g Weizenmehl
Salz, Pfeffer

Den Schweinebauch würfeln. Etwas Olivenöl in einer Pfanne erhitzen und den Schweinebauch scharf anbraten. Aus der Pfanne nehmen und beiseite stellen. Paprika, Nelken, Dill, frisch gemahlenen Pfeffer und das Mehl ins verbliebene Olivenöl geben. Unter ständigem Rühren Wasser zugeben, bis ein Brei entsteht. Den Schweinebauch hineingeben, mit Salz abschmecken und heiß servieren.

Paprika-Auberginen-Salat **

Escalivada

In Katalonien werden Paprikaschoten, Auberginen und Zwiebeln einfach über der Holzkohle gegrillt, bis sie schwarz sind. Diese Garmethode ist die Basis für ein Regionalgericht mit feinem rauchigem Geschmack, das als Salat oder auch als Beilage zu gegrilltem Fleisch gereicht werden kann. Hier das Rezept für die Zubereitung im Backofen zu Hause.

4 Auberginen
4 rote Paprikaschoten
2 Zwiebeln
Olivenöl
3 Knoblauchzehen
1 EL Weinessig
Salz, Pfeffer

Den Backofen auf 175° C vorheizen. Auberginen, Paprikaschoten und Zwiebeln auf ein geöltes Backblech legen und so lange im Ofen grillen, bis die Haut schwarz ist. Inzwischen den Knoblauch fein hacken und mit Olivenöl und Essig anrühren. Das Gemüse aus dem Ofen nehmen und abkühlen lassen. Die verbrannte Haut abziehen. Auberginen und Paprikaschoten der Länge nach in dünne Streifen schneiden, Kerne und Stielenden entfernen. Die Zwiebeln in Ringe schneiden. Das Gemüse auf einer Salatplatte anrichten. Die Marinade darüberträufeln, mit Salz und Pfeffer abschmecken. Die Escalivada vor dem Servieren ein paar Stunden durchziehen lassen.

Pikanter Orangensalat mit Hornhecht *

Ensalada de naranjas con agujas

Dieses Originalrezept gehört zum Repertoire der spanischen Gitanos (Zigeuner). Zwar gibt es keine traditionelle Gitano-Küche – die meisten ihrer Rezepte stimmen mit der andalusischen Regionalküche überein –, aber charakteristisch ist die Verwendung von viel Kreuzkümmel, Fenchel, Zimt und Zitrone.

4 saftige Orangen
100 g Hornhecht, in Öl eingelegt
1 Zwiebel
1 Knoblauchzehe
1 TL Kreuzkümmelpulver
3 EL Olivenöl
1 EL Weinessig
Salz

Die Orangen sorgfältig schälen und in feine Scheiben schneiden, diese vierteln und in einer Salatschüssel anrichten. Die Zwiebel fein hacken und über die Orangenstückchen geben. Knoblauch und Kreuzkümmel im Mörser zerstoßen und ein paar Tropfen Wasser beigeben, um die Zutaten besser zu verbinden. Die Gewürze mit Olivenöl und Essig vermischen, mit Salz abschmecken und die Marinade über den Salat geben. Mit Hornhechtstückchen dekorieren.

TIP: Dieser Salat kann auch mit Stockfisch (siehe Glossar) anstelle von Hornhecht zubereitet werden.

Pilze aus der Pfanne **

Bolets a la llauna

Für dieses katalanische Gericht eignen sich alle Arten von Speisepilzen (Pfifferlinge, Täublinge, Steinpilze, Parasole). In Katalonien werden vor allem Edelreizker dafür verwendet. Man kann die Pilzpfanne aber auch aus frischen Champignons und Austernpilzen zubereiten.

400 g frische Pilze
6 EL Olivenöl
Salz
2 Knoblauchzehen
1 Bund Petersilie
3 EL Brotkrumen oder Semmelbrösel

Die Pilze putzen und je nach Größe ganz lassen oder einmal durchschneiden.

Olivenöl in einer Pfanne erhitzen. Die Pilze ins heiße Olivenöl geben, salzen, auf kleiner Flamme rühren und wenden und nach 10 Min. vom Feuer nehmen.

Knoblauch, Petersilie und Brotkrumen im Mörser zerstoßen und ein paar Tropfen Wasser beigeben, um die Zutaten besser zu verbinden. Diese Paste mit Olivenöl verdünnen, mit Salz abschmecken und über die Pilze geben. Unter ständigem Rühren weitere 15 Min. in der Pfanne brutzeln lassen. Heiß servieren.

Tip: Zu den Bolets a la llauna paßt wunderbar das katalanische Tomatenbrot, das Pa amb tomàquet. Die Zubereitung von Pa amb tomàquet ist ein Ritual, das in Katalonien täglich zelebriert wird, sonst aber nirgendwo in Spanien ausfindig zu machen ist. Dünne Weißbrotscheiben werden über Holzkohle oder im Toaster geröstet. Das Brot erst mit Knoblauch und dann mit einer aufgeschnittenen Tomate abreiben, salzen und großzügig mit Olivenöl beträufeln, bis es rotsaftig glänzt.

Roter Paprikasalat *

Ensalada de pimiento colorao

Ein typischer Salat aus Andalusien; der Kreuzkümmel weist darauf hin.

1 kg rote Paprikaschoten	*1 EL Oregano*
2 Eier	*1 EL Weinessig*
2 Knoblauchzehen	*3 EL Olivenöl*
1 TL Kreuzkümmelpulver	*Salz*

Die Paprikaschoten im vorgeheizten Ofen bei 175 ° C 10 Min. backen. Herausnehmen, abkühlen lassen und die Haut abziehen. Stielenden und Kerne entfernen. Der Länge nach in Streifen schneiden. Inzwischen einen Topf mit Wasser aufsetzen und die Eier hartkochen.

Knoblauch, Kreuzkümmel und Oregano im Mörser zerstoßen; ein paar Tropfen Wasser beigeben, um die Gewürze besser zu verbinden. Mit Essig und Olivenöl verrühren und mit Salz abschmecken. Die Paprikaschoten auf einer Salatplatte anrichten, mit den in Scheiben geschnittenen Eiern dekorieren und die Marinade darübergeben.

Salat nach Art des Sancho Pansa *

Ensalada de Sancho Panza

Lieblingssalat von Sancho Pansa, dem Stallmeister und Weggefährten von Don Quixote.

6 Tomaten
1 Zwiebel
200 g schwarze Oliven
200 g Manchego-Käse
Olivenöl
Salz

Die Tomaten waschen, achteln und in eine Salatschüssel geben. Die Zwiebel grob hacken und dazugeben, die Oliven darüberstreuen. Den Käse würfeln und ebenfalls in die Schüssel geben. Salzen, einen ordentlichen Schuß Olivenöl über die Zutaten gießen, und fertig ist der Salat aus der Mancha.

Gebackene Sardinen **

Sardinas al horno

Die Sardine ist, wie die Makrele, ein Fisch der Armen. Überall in Spanien läßt sich zur Essenszeit der charakteristische Geruch – manche finden ihn penetrant – nach gebratenen Sardinen ausmachen. In Fischerorten werden an Festtagen frische Sardinen direkt am Strand gegrillt. Inzwischen haben auch die Restaurants Sardinen als Mittagsmenü wiederentdeckt. In Andalusien gehört es zur höheren Kochkunst, Sardinen richtig zu fritieren. Auf dem Land trinkt man einen kräftigen Rotwein dazu. Anstelle von Sardinen können auch Makrelen für das folgende Rezepte verwendet werden.

½ kg frische mittelgroße Sardinen
250 g Tomaten
Zucker
2 Knoblauchzehen
1 Zwiebel
3 EL Olivenöl
1 Lorbeerblatt
Salz, Pfeffer

Die Sardinen unter kaltem Wasser waschen. (In Spanien werden kleinere Sardinen nicht ausgenommen.) Die Fische abtropfen lassen und salzen.

Inzwischen die Tomaten überbrühen, häuten und mit einer Gabel zerdrücken. Mit Zucker und Salz abschmecken.

Den Backofen auf 175 ° C vorheizen. Den Knoblauch und die Zwiebel klein hacken und im Olivenöl in einer Pfanne braten. Die Tomaten und das Lorbeerblatt dazugeben und 10 Min. bei starker Hitze einkochen lassen. Das Sofrito (s. S. 188) mit Salz und Pfeffer abschmecken.

Den Boden eines Keramiktopfes (Römertopf) oder einer Glaskasserolle mit Sofrito bedecken, die Sardinen darauflegen und den Rest der Sauce darübergeben. Die Sardinen 30 Min. im Ofen garen und heiß servieren.

Stockfischsalat hausgemacht **

Ensalada de bacalao casera

Schenkt man dem Essayisten, Krimiautor und Gourmet Manuel Vázquez Montalbán Glauben, dann wird »der Kabeljau als Fisch geboren, dann zu Pappe getrocknet und durch Einweichen für die Gastronomie als Stockfisch wieder aufbereitet«. Trotz alledem: Stockfisch gehört auch zu Vázquez Montalbáns Lieblingsgerichten. Kein Wunder, denn in spanischen Kochtöpfen sind die leckersten Stockfischgerichte der Welt entstanden.

350 g Stockfisch
½ l Milch
1 Bund aus Petersilie, Majoran, Bohnenkraut, Rosmarin und Estragon (Bouquet garni)
4 EL Olivenöl
1 EL Sherry-Essig
1 TL Zitronensaft
1 Frühlingszwiebel
Salz, Pfeffer
2 Eier
2 Kartoffeln
2 Tomaten
3 Pimientos del Piquillo oder rote Paprikaschoten
Thymian
Petersilie

Den Stockfisch 36 Std. lang in Wasser entsalzen. Alle 9 Std. das Wasser wechseln. Den Stockfisch herausnehmen und mit Küchenpapier abtrocknen. Die Milch in einen Topf geben und mit den frischen Kräutern aufkochen lassen. Den Stockfisch in ein Sieb geben und 1 Min. lang in die köchelnde Milch halten. Abkühlen lassen, vorsichtig Haut und Gräten entfernen, in kleine Streifen reißen und in eine Salatschüssel geben.

Eine Vinaigrette aus Olivenöl, Essig, Zitronensaft und feingewiegter Zwiebel zubereiten, mit Salz und Pfeffer abschmecken. Die Hälfte der Vinaigrette über den Stockfisch gießen und ½ Stunde ziehen lassen.

Inzwischen die Eier hartkochen, abkühlen lassen, in Scheiben schneiden.

Kartoffeln kochen, (soweit sie nicht vom Vortag übriggebliebenen sind), abkühlen lassen und in Scheiben schneiden.

Die Tomaten überbrühen, häuten, halbieren, den Stielansatz entfernen und in größere Würfel schneiden. Pimientos del piquillo in dünne Scheiben schneiden. (Pimientos del piquillo sind dünnhäutige, rote, geröstete und geschälte Paprikaschoten. Sie können, falls nicht im Handel erhältlich, durch gewöhnliche Paprikaschoten ersetzt und wie beim Roten Paprikasalat beschrieben, s. S. 53, zubereitet werden.)

Die Kartoffeln in eine Salatschüssel geben, darauf die Tomaten schichten, mit Thymian bestreuen, Paprika und Eierscheibchen dazugeben. Mit Salz und Pfeffer abschmecken und den Rest der Vinaigrette darübergießen. Den Salat vorsichtig mischen. Stockfisch und Salat getrennt auf vier Teller verteilen und mit feingewiegter Petersilie bestreuen.

Tintenfischsalat ***

Ensalada de sepia

500 g Tintenfisch
2 EL Essig
Salz
2 Zwiebeln
1 rote Paprikaschote
1 grüne Paprikaschote
4 Tomaten
Olivenöl
1 Knoblauchzehe
4 EL Olivenöl
2 EL Sherry-Essig
Salz
Pfeffer

Tintenfische gründlich waschen, Haut vorsichtig abziehen. Kopf mitsamt den Fangarmen abschneiden. Sepiaschale aus dem Körper herausheben. Am unteren Ende des Körpers liegt der dunkle Tintenbeutel. Vorsichtig erst Eingeweide und dann den Tintenbeutel herauslösen, letzteren beiseitelegen.

Die Tinte würzt und bindet die Marinade. Die Tinte herausdrücken und in einem Gefäß zur weiteren Verarbeitung auffangen. Jetzt den sackförmigen Körper der Länge nach in dünne Streifen schneiden. Die Arme vom Kopf trennen, und zwar so, daß sie untereinander durch einen dünnen Fleischring verbunden bleiben. Olivenöl in der Pfanne erhitzen. Tintenfischstückchen mit der Gabel einzeln ins heiße Fett geben, fritieren und beiseite legen.

Paprikaschoten halbieren, entkernen, Stilenden entfernen und in schmale Streifen schneiden. Zwiebeln in dünne Scheiben schneiden. Tomaten putzen und achteln. Das Gemüse in einer Salatschale anrichten. Knoblauch fein hacken und mit Olivenöl, Essig, Tinte, Salz und Pfeffer anrühren. Die Marinade über den Salat gießen und den fritierten Tintenfisch daruntermischen.

SUPPEN

Brühen und Suppen waren in Spanien von jeher ein solides Essen der Armen, um das sie von den Reichen wegen des herzhaften Geschmacks des öfteren beneidet wurden. Doch nicht immer. Daß manche Suppen in Spanien auch als »heißes Wasser« bezeichnet wurden, ist kein Zufall. Proteine enthielten sie kaum, sie wärmten gerade mal den Magen. Die einfachste und älteste spanische Suppe ist die Viertelstunden-Suppe, auch Narrensuppe genannt. In den Klöstern Kastiliens – vor deren Toren diese Suppe an die Armen verteilt wurde –, gab man ihr den Namen Almosenspendende Brühe. Selbst gehaltvollere Varianten wie Borretschwasser hinterlassen einen schalen Geschmack. Deshalb werden noch heute gehalt- und geschmacklose Situationen oder Pläne, die nie zustande kommen, als Agua de borrajas bezeichnet. Dennoch spielen nirgendwo sonst Suppen und Eintöpfe eine so große Rolle wie in Spanien. Eine Suppe ist so wichtig wie das tägliche Brot. Es gibt in jeder Region unzählige Varianten, von denen jede Köchin behauptet, daß ihre die Allerbeste sei. Sie sind natürlich auch einfach und preiswert zuzubereiten. Zum Beispiel die Sopa de ajo, die Knoblauchsuppe. Bis vor kurzem galt sie als Essen armer Leute. Inzwischen findet man sie in aufgepeppter Form auf den Speisekarten der Gourmet-Tempel.

Andalusische Katzensuppe *

Sopa de gato

Keine Angst, Katzenfleisch enthält diese Suppe aus Cádiz nun doch nicht. Zwar wurden Katzen in Spanien im Mittelalter verspeist, zum Beispiel am Hofe Seiner Majestät Ferdinands von Neapel, und sicherlich nicht, weil seine Majestät knauserig war. Zurück zur Katzensuppe, von der niemand mehr weiß, woher sie ihren Namen hat.

1 Paprikaschote
2 Knoblauchzehen
Salz
100 g altbackenes Weißbrot
1 TL Paprikapulver
1 TL Kreuzkümmelpulver
2 Eier
150 g geriebener Manchego-Käse

Die Paprikaschote waschen, aufschneiden, Stielende und Kerne entfernen. Den Knoblauch mit dem Wiegemesser zerkleinern. Knoblauch und Paprika mit Salz abschmecken und in einem Topf in etwas Olivenöl anbraten.

Die Weißbrotscheiben entrinden und ebenfalls braten. Mit Kreuzkümmel- und Paprikapulver abschmecken und mit Wasser ablöschen.

Die Suppe zum Kochen bringen und 10 Min. köcheln lassen, bis sich das Brot aufgelöst hat.

Die Eier mit dem Käse verschlagen. Den Topf vom Herd nehmen, die Ei-Käse-Mischung hineinrühren, den Topf mit einem Deckel verschließen, 5 Min. ziehen lassen und servieren.

Borretschwasser *

Sopa de borrajas

1 Bund Borretsch (Gurkenkraut)
250 g Schweinebauch
1 Lorbeerblatt
Salz
2 Knoblauchzehen
2 Scheiben altbackenes Weißbrot

Einen Topf mit 1½ l Wasser aufsetzen und zum Kochen bringen. Währenddessen den stark behaarten Borretsch gründlich waschen und grob hacken. Borretsch, Schweinebauch, Lorbeerblatt und Salz in den Topf geben und eine gute halbe Stunde kochen lassen.

Den Knoblauch mit dem Wiegemesser zerkleinern, in Olivenöl goldbraun braten und in die Suppe geben.

Das Brot entrinden, würfeln und im Knoblauchöl anbraten. Lorbeerblatt und Schweinebauch aus der Suppe nehmen, den Borretsch auf die Teller verteilen, die Brühe durch ein Sieb seihen und über den Borretsch gießen. Zum Schluß die Brotwürfel darüberstreuen.

Brühen **

Caldos

Die im folgenden beschriebenen Brühen dienen auch zur geschmacklichen Verbesserung von Suppen, Soßen und anderen Gerichten. Oft sind sie Grundlage für ein Rezept wie zum Beispiel bei Paella, Zarzuela und Eintöpfen.

Fischbrühe **

Caldo de pescado

1 Zwiebel
2 große Champignons
500 g Fischabfälle
Salz, Pfeffer
1 Lorbeerblatt
Weißwein oder Sherry

Wasser zum Kochen bringen. Zwiebel mit dem Wiegemesser zerkleinern, Champignons putzen und kleinschneiden. Fischgräten, Garnelenschalen, Fischkopf, Fischschwanz mit dem Gemüse in den Topf geben, mit Salz, Pfeffer und Lorbeerblatt würzen und einen Schuß Weißwein oder Sherry beigeben (soll die Fischbrühe als Grundlage für eine dunkle Soße dienen, Rotwein nehmen). Die Fischbrühe 30 Min. kochen lassen, abschäumen und passieren.

Fleischbrühe **

Caldo de carne

1 Mark- oder Schinkenknochen
150 g Stück Rindfleisch
2 Zwiebeln
1 Knoblauchzehe
1 Mohrrübe
1 kleine Sellerieknolle
1 Sellerieblatt (oder Liebstöckel)
Olivenöl
Salz, Pfeffer
1 Lorbeerblatt

Rindfleisch und Knochen im kalten Wasser ansetzen und 30 Min. kochen lassen. Inzwischen Zwiebeln und Knoblauch mit dem Wiegemesser zerkleinern. Mohrrübe, Sellerie und Sellerieblatt (oder Liebstöckel) putzen und kleinschneiden. Olivenöl im Topf erhitzen, Knoblauch und Zwiebeln glasig braten, das Gemüse kurz mitdünsten. Mit Salz, Pfeffer und einem Lorbeerblatt würzen. Jetzt die Fleischbrühe abschäumen und passieren und über das Gemüse geben.

Brühe auf kleiner Flamme köcheln lassen. Nach 30 Min. nochmals abschäumen und passieren.

Gemüsebrühe **

Caldo de verdura

2 Zwiebeln
1 Knoblauchzehe
1 Mohrrübe
1 kleine Sellerieknolle
1 Sellerieblatt (oder etwas Liebstöckel)
Olivenöl
Salz
Pfeffer
1 Lorbeerblatt

Zwiebeln und Knoblauch mit dem Wiegemesser zerkleinern. Mohrrübe, Sellerie und Sellerieblatt (oder Liebstöckel) putzen und kleinschneiden. Olivenöl im Topf erhitzen, Knoblauch und Zwiebeln glasig braten, das Gemüse kurz mitdünsten. Mit Salz, Pfeffer und einem Lorbeerblatt würzen und mit Wasser ablöschen. Gemüse auf kleiner Flamme köcheln lassen. Soll die Gemüsebrühe klar sein, Topfinhalt durch ein Sieb geben. Braucht man die Brühe als Saucenfond, Lorbeerblatt herausnehmen und die Brühe mit Gemüse im Mixer pürieren.

Hühnerbrühe **

Caldo de gallina

2 Zwiebeln
1 Knoblauchzehe
1 Mohrrübe
1 kleine Sellerieknolle
1 Sellerieblatt (oder etwas Liebstöckel)
Olivenöl
Salz
Pfeffer
1 Lorbeerblatt

Zwiebeln und Knoblauch mit dem Wiegemesser zerkleinern. Mohrrübe, Sellerie und Sellerieblatt (oder Liebstöckel) putzen und kleinschneiden. Olivenöl im Topf erhitzen, Knoblauch und Zwiebeln glasig braten, das Gemüse kurz mitdünsten. Mit Salz, Pfeffer und einem Lorbeerblatt würzen und mit Wasser ablöschen. Gemüse auf kleiner Flamme köcheln lassen. Soll die Gemüsebrühe klar sein, Topfinhalt durch ein Sieb geben. Braucht man die Brühe als Saucenfond, Lorbeerblatt herausnehmen und die Brühe mit Gemüse im Mixer pürieren.

Gemüsekaltschale **

Gazpacho

Es gibt in Andalusien unzählige Arten des »kühlen Spaniers«. Das folgende Rezept und seine Varianten können wahlweise nach der traditionellen Methode zubereitet werden, indem man die Zutaten mit Mörser und Stößel zerquetscht. Wenn es schnell gehen soll, benutzt man besser einen Mixer, um die festen Zutaten zu einer Paste zu verarbeiten, bevor die flüssigen dazugegeben werden. Spanier behaupten allerdings, sofort herauszuschmecken, wie der Gazpacho zubereitet wurde.

3 Knoblauchzehen
Salz
1 Salatgurke
2 grüne Paprikaschoten
1 kg Tomaten
300 g altbackenes Weißbrot
8 EL Olivenöl
2 EL Weinessig
1 ½ l Wasser
1 Zwiebel

Den Knoblauch mit dem Wiegemesser zerkleinern und mit Salz zu einer feinen Paste zerstoßen. Die Gurke schälen. Die Paprikaschoten waschen, Stielenden und Kerne entfernen. Beide Gemüse kleinschneiden. Traditionell wird das Gemüse bei der Gazpachoherstellung mit dem Mörser zerdrückt, man kann es aber auch mit dem Mixer pürieren. Das pürierte Gemüse mit der Knoblauchpaste vermischen.

Die Tomaten überbrühen, häuten und halbieren, den Stielansatz entfernen und mit einer Gabel zerdrücken, durch ein feines Sieb streichen (um die Kerne zu entfernen) und zum übrigen Gemüse geben. 200 g Brot entrinden, in Wasser einweichen, ausdrücken und ebenfalls unter die Gemüsepaste mischen. Das Olivenöl langsam und unter ständigem Rühren dazugießen.

Die sämige Paste in einen großen Topf geben, nach und nach Essig und Wasser dazugießen. Bei Bedarf kann der Gazpacho jetzt noch einmal durch ein Sieb passiert werden. Vor dem Servieren ein paar Stunden kaltstellen. Die Beilage besteht aus feingehackter Zwiebel, rotem und grünem Paprika, Gurke und winzigen gerösteten Brotwürfeln.

Gazpacho-Varianten

Zum Grundrezept kann eine rote Paprikaschote hinzugefügt oder ein hartgekochtes Ei in die Paste eingearbeitet werden. In der Extremadura wird ein Spiegelei untergerührt. Einen frischen lakritzartigen Geschmack erhält man, wenn man eine Stange Sellerie hinzufügt. Je nach Geschmack kann der Gazpacho mit Kreuzkümmel oder Paprikapulver, Minze, Basilikum und Estragon abgeschmeckt werden.

Gemüsebrei **

Salmorejo

Der Salmorejo ist die Essenz des Gazpachos ohne Gurke. In Andalusien wird er eher als Paste denn als Suppe serviert. In Kastilien dient der Salmorejo als Beize für Sauer- und Kaninchenbraten und wird, wie schon im »Don Quixote« nachzulesen, heiß serviert.

100 g altbackenes Weißbrot
10 Tomaten
3 Eier
3 Knoblauchzehen
4 EL Olivenöl
Sherry-Essig
Salz
50 g Serrano-Schinken

Das Brot entrinden und mit Wasser beträufeln. Die Tomaten überbrühen, häuten, halbieren, den Stielansatz entfernen und mit einer Gabel zerdrücken. Das ausgedrückte Brot und die Tomaten mit einem rohen Ei, dem feingewiegten Knoblauch verkneten. Mit Olivenöl, einem Schuß Essig und Salz abschmecken. Im Mixer pürieren oder im Mörser zu einer sämigen Paste verarbeiten. Eventuell etwas Wasser dazugießen. 2 Eier hartkochen. Den Salmorejo auf die Teller verteilen und mit hartgekochten Eiern und Schinken dekorieren.

Juan Azark

Spitzen-Koch und Erfinder der
Großen Baskischen Küche
Geboren in San Sebastian

Wenn Sie zwei Wochen lang jeden Tag das gleiche essen müßten, wofür würden Sie sich entscheiden?
Alle Sorten von Gemüse.

Auf welchen kulinarischen Luxus können Sie mühelos verzichten?
Auf Kaviar.

Was war Ihre Leibspeise in der Kindheit?
Kurzgebratenes Rindskotelett mit Bratkartoffeln.

Was sind für Ihr Gefühl die drei Grundbestandteile der ursprünglichen spanischen Küche?
Olivenöl, Knoblauch und Fisch.

Hätten Sie nur eine ganz schmale Rente: Wovon würden Sie sich vor allem ernähren?
Von gebratenem Reis mit Öl und Knoblauch.

Sinnlose Verschwendung: Woran denken Sie da im Bereich Essen und Trinken?
Einen Teller Kalamares mit Marmelade.

Welches ist für Sie das beste klassische Gericht Ihrer Heimat?
Seehecht in grüner Sauce mit Venusmuscheln.

Was ist der schlimmste gastronomische Brauch des 20. Jahrhunderts?
Schlecht gemachtes Fast food.

Bei welchem Essensduft werden Sie schwach?
Bei dem von gut gegarten Zwiebeln.

Sie bereiten ein Liebesmenü für zwei, das sich auch ein Student oder Lehrling leisten könnte. Was gibt es zu essen, was gibt es zu trinken?
Blumensalat, Fisch in Ingwersauce, Mousse au Chocolat.

Welches spanische Gericht ist zu Unrecht vergessen?
Ein baskisches Gericht namens Kapoisopa: ein Dessert, aus Milch, Zucker, Zimt und Kapaunfett bestehend.

Wenn Sie in Spanien authentisch, einfach, gut und preiswert essen wollen. Wo gehen Sie hin?
In ein Restaurant mit volkstümlicher Küche.

KALTE AVOCADOCREMESUPPE **

Crema de aguacate

Saft einer Zitrone
¾ l Hühnerbrühe (wahlweise auch Fisch- oder Gemüsebrühe, s. S.62–64)
¼ l flüssige Sahne (oder ⅛ l Milch)
Pfeffer
Salz

Die Avocados vorsichtig entkernen, ohne dabei das Fruchtfleisch zu berühren (sonst wird das Fruchtfleisch dunkel). Das Fleisch mit einem Löffel herausnehmen und in ein hohes Gefäß geben. Damit das Fruchtfleisch nicht dunkel wird, den Zitronensaft darüberträufeln.

Avocadofleisch, Brühe und Sahne (oder Milch) mit dem Mixer zu Brei verquirlen. Mit Salz und Pfeffer abschmecken. Gut zugedeckt im Kühlschrank aufbewahren.

Um das Nachdunkeln der Suppe beim Kontakt mit Sauerstoff zu vermeiden, können die Kerne bis zum Servieren in der Suppe aufbewahrt werden. Dem Aroma der Brühe entsprechend, kann diese Vorspeise mit Schinkenwürfeln (Fleischbrühe) oder Hühnerfleischstreifen (Hühnerbrühe) abgerundet werden. Je nach Geschmack bieten sich auch Gambas (Garnelen), Centollo (Seespinne) oder andere Meeresfrüchte (Fischbrühe) an.

TIP: Anstelle der Gemüse-, Fleisch- oder Fischbrühe 3 Tomaten mit in den Mixer geben und mit ¼ l Wasser und ⅛ l Weißwein pürieren, mit Muskatnuß und Cayennepfeffer abschmecken.

Kalte Mandelsuppe **

Ajo blanco

Diese Kaltschale ist arabischen Ursprungs. Häufig wird sie mit Weintrauben serviert.

150 g Mandeln
3 Knoblauchzehen
Salz
8 EL Olivenöl
4 EL Sherry-Essig
1 l Wasser
Weiße Weintrauben

Die Mandeln mit heißem Wasser überbrühen, die Schalen abziehen und die Mandeln mit Küchenpapier trockentupfen. 1 EL Olivenöl in einem Topf erhitzen, die Mandeln unter ständigem Rühren goldbraun rösten, aus dem Topf nehmen, reiben und beiseite stellen. Den Knoblauch mit dem Wiegemesser zerkleinern. Mandeln, Knoblauch und Salz im Mörser zerstoßen, ein paar Tropfen Wasser dazugeben, damit sich die Zutaten besser vermischen. Das restliche Olivenöl nach und nach unter ständigem Rühren dazugeben. Den Sherry-Essig unterrühren. Die Paste in einen Topf geben und unter ständigem Rühren mit Wasser aufgießen. Die Suppe kaltstellen und mit geschälten und entkernten Weintrauben und gerösteten Brotwürfeln servieren.

KALTSCHALE AUS WEISSEN RÜBEN UND GURKEN **

Crema fría de nabo y pepino

400 g weiße Kohlrüben (ersatzweise Kohlrabi)
½ l Hühnerbrühe (s. S. 64)
200 g Salatgurken
Salz, Pfeffer
¼ l Sahne
1 Bund Dill

Die Rüben waschen und in Stücke schneiden. Die Brühe in einen Kochtopf geben und die Rüben darin 25 Min. kochen. Danach die Rüben mit etwas Kochflüssigkeit im Mixer pürieren.

Die Gurken waschen, schälen, fein würfeln und in das Rübenpüree geben. Mit Salz und Pfeffer abschmecken, gut verrühren und kaltstellen. Kurz vor dem Servieren die flüssige Sahne unterrühren und mit dem gehackten, frischen Dill bestreuen.

Knoblauchsuppe **

Sopa de ajo

Eine duftende Spezialität aus Madrid. Der Klassiker unter den Knoblauchsuppen wird mit Olivenöl, Knoblauch, Eiern, Weißbrot und Wasser zubereitet. Verfeinert wird sie mit Zwiebeln, Schinken, Paprikawurst und Paprikaschoten. Die Madrider behaupten, diese Suppe erfunden zu haben, Variationen findet man jedoch in ganz Spanien.

6 Knoblauchzehen
50 g Serrano-Schinken oder Paprikawurst
1 rote Paprikaschote
Olivenöl
150 g altbackenes Weißbrot
1 l Fleischbrühe
Salz
1 EL Paprikapulver
Sherry
4 Eier

Die Knoblauchzehen schälen und grob hacken. Schinken (oder Paprikawurst) in kleine Würfel schneiden, die Paprikaschote waschen, aufschneiden, Stielende und Kerne entfernen und ebenfalls kleinschneiden. Etwas Olivenöl in einem Topf erhitzen und alle vorbereiteten Zutaten anbraten, dann herausnehmen und beiseitestellen. Das Weißbrot entrinden, in kleine Würfel schneiden und unter Rühren und Wenden im verbliebenen Knoblauchöl goldbraun rösten. Rechtzeitig vom Herd nehmen. Die Brühe zum Kochen bringen, mit Salz, Paprikapulver und einem Schuß Sherry abschmecken.

Die Eier nacheinander in der Kelle aufschlagen und vorsichtig in die Brühe gleiten lassen. Die Eier sollen ihre ursprüngliche Form behalten. Die Suppe mit den Eiern auf die Teller verteilen. Die gerösteten Brotwürfel im letzten Moment dazugeben.

MADRIDER BRÜHE ***

Consumado madrileño

Die Madrider Brühe wurde von Bürgermeister Enrique Tierno Galván »heiliggesprochen«. Der Marxist verfeinerte das »Heiße Weihwasser« mit karamelisiertem Zucker und einem Schuß gutem Rotwein.

1 Markknochen
1 Schinkenknochen
100 g frischer Speck
2 Hähnchenflügel
1 Stück Morcillo vom Rind (Rinderhesse)
2 Kartoffeln
1 Porree
1 Mohrrübe
2 Selleriestangen
1 Zwiebel
1 Mangold
1 Ei
Salz, Pfeffer

Einlage:
2 Scheiben Weißbrot
1 Zwiebel
Olivenöl
2 Eier
Salz, Pfeffer
2 EL Semmelbrösel
1 EL Zucker
1 Schuß guter Rotwein

Das Gemüse putzen und in einen Topf geben. Knochen und Fleisch waschen und dazu geben. Mit 3 l Wasser bedecken, 1 Ei dazu geben, den Topf aufs Feuer setzen und zum Kochen bringen. Ohne Deckel köcheln lassen, bis ⅔ der Flüssigkeit verkocht sind. Die Brühe abseihen, salzen und pfeffern.

Das Brot entrinden und in Würfel schneiden. Die Zwiebel mit dem Wiegemesser zerkleinern. Olivenöl in einer Pfanne erhitzen; Zwiebel und Brotwürfel darin goldbraun rösten. In eine Schüssel geben und mit den Eiern, Salz und Pfeffer und Semmelbröseln zu einer Masse glattrühren. Daraus Klößchen formen und in Olivenöl braten. Auf die Teller verteilen. 1 EL Zucker braun rösten und in die Brühe geben, mit Rotwein abschmecken. Die Teller mit der heißen, kräftigen Brühe auffüllen.

Mandelsuppe **

Sopa de almendra

200 g Mandeln
Olivenöl
4 Knoblauchzehen
1 rote Paprikaschote
150 g altbackenes Weißbrot
1 l Fleischbrühe
Salz
Pfeffer
10 Safrannarben (oder 1 TL Safranpulver)
½ Bund Petersilie

Die Mandeln mit heißem Wasser überbrühen, die Schalen abziehen und die Mandeln mit Küchenpapier trockentupfen.

Olivenöl in einem Topf erhitzen, die Mandeln darin unter ständigem Rühren goldbraun rösten. Aus dem Topf nehmen, reiben und beiseitestellen.

Den Knoblauch mit dem Wiegemesser zerkleinern. Die Paprikaschote waschen, von Stiel und Kernen befreien und kleinschnei den.

Knoblauch und Paprika in den Topf mit dem heißen Öl geben und 5 Min. andünsten. Das Weißbrot entrinden, in kleine Würfel schneiden und unter Rühren und Wenden mit den anderen Zutaten mitbraten. Die Mandeln dazugeben und mit der Fleischbrühe ablöschen. Mit Salz und Pfeffer abschmecken und mit Safran färben. Die Suppe 10 Min. ziehen lassen. Falls nötig, etwas Wasser nachgießen und nochmal abschmecken. Mit feingewiegter Petersilie bestreut servieren.

Menorkinische Suppe *

Sopa menorquina

Minimalküche aus Menorca. Eine Suppe, die trotz der einfachen Zubereitung außergewöhnlich gut schmeckt.

4 EL Olivenöl
4 Knoblauchzehen
Salz
1 Bund Thymian
4 Eigelb
12 kleine Weißbrotscheiben

In einem Topf 1 ½ l Wasser aufkochen lassen. Olivenöl, Knoblauchzehen, Salz und Thymian hineingeben.

Je drei Brotscheiben, ein rohes Eigelb auf einen Suppenteller geben. Der Kochtopf wird in die Mitte des Tisches gestellt und jeder füllt seinen Teller mit der heißen Brühe.

Miesmuschelsuppe mit Safran und Nudeln ***

Sopa de mejillones al azafrán con fideos

1 kg Miesmuscheln
Meersalz
300 g Tomaten
1 Zwiebel
2 Knoblauchzehen
Olivenöl
½ Bund Petersilie
½ Bund Oregano
10 Safrannarben (oder 1 TL Safranpulver)
Salz, Pfeffer
100 g dicke Suppennudeln

Die Miesmuscheln unter fließendem kalten Wasser waschen, bürsten und entbarten. Einen Topf mit kaltem Wasser und Meersalz aufs Feuer setzen, die Muscheln hineingeben und 10 Min. kochen. Im Kochwasser abkühlen lassen und mit dem Schaumlöffel herausfischen. Noch geschlossene Muscheln wegwerfen, sie sind verdorben! Das Muschelfleisch aus den Schalen nehmen und beiseitelegen. Die Muschelbrühe abseihen.

Die Tomaten überbrühen, häuten, von Stielansätzen befreien und mit einer Gabel zerdrücken. Zwiebel und Knoblauch hacken. Olivenöl in einer Pfanne erhitzen, Zwiebel und Knoblauch darin goldbraun schwenken, dann die Tomaten hineingeben.

Petersilie und Oregano fein hacken, mit der Tomatensauce verrühren und das Ganze 15 Min. köcheln lassen.

Mit der Muschelbrühe aufgießen und weitere 10 Min. kochen.

Den Safran mit Salz im Mörser zerstoßen und in die Suppe geben. Mit Salz und Pfeffer abschmecken. Im letzten Augenblick Muscheln und Nudeln dazugeben.

Narrensuppe *

Sopa boba

In den Klöstern Kastiliens, vor deren Toren die Narrensuppe an die Armen verteilt wurde, erhielt sie den Namen »Almosenspendende Brühe«. Warum sie den Namen »Narrensuppe« erhielt, weiß niemand mehr.

100 g altbackenes Weißbrot
1 EL Schmalz
1 TL süßes Paprikapulver
100 g Fleischreste
Salz
1 Lorbeerblatt

Das Brot in Wasser einweichen. Das Schmalz in einem Topf erhitzen, die Fleischreste in das heiße Fett geben. Mit Paprikapulver und Salz abschmecken und das eingeweichte Brot dazugeben. Mit Wasser auffüllen, aufkochen und heiß servieren.

Süppchen mit gutem Tropfen *

Sopita y buen vino

1 EL Schmalz
1 Zwiebel
1 Porree
½ Bund Petersilie
½ Bund Basilikum
10 Safrannarben (oder 1 TL Safranpulver)
Salz, Pfeffer
4 Scheiben Weißbrot
1 Schuß guter Rotwein

Das Schmalz in einem Topf erhitzen. Zwiebel und Porree kleinschneiden und im Schmalz dünsten.

Petersilie und Basilikum mit dem Wiegemesser zerkleinern und mit ein paar Safranfäden in den Topf mit dem Gemüse geben. Mit Salz und Pfeffer abschmecken und mit 1½ l Wasser oder Brühe ablöschen. 30 Min. auf kleiner Flamme köcheln lassen. Das Brot auf die Teller verteilen. Die Suppe vom Herd nehmen, mit einem Schuß Wein abschmecken und über die Brotscheiben gießen.

Viertelstunden-Suppe **

Sopa al cuarto de hora

Die »Viertelstunden-Suppe« ist die älteste der spanischen Suppen. Hier eine verfeinerte Version.

200 g Venusmuscheln
100 g Garnelen
1 Ei
Olivenöl
1 Zwiebel
Mehl
100 g Suppennudeln
Salz

Einen Topf mit 1½ l Wasser aufsetzen. Garnelen und Venusmuscheln unter fließendem Wasser waschen, bei Bedarf abbürsten. Geöffnete Muscheln wegwerfen – sie sind verdorben! Muscheln und Garnelen im geschlossenen Topf 8 Min. garen. Noch geschlossene Muscheln wegwerfen. Die Brühe abseihen und beiseitestellen.

Die Garnelen pulen, die Venusmuscheln aus der Schale heben und beides in die Brühe geben. Das Ei hartkochen. Olivenöl in der Pfanne erhitzen. Die Zwiebel mit dem Wiegemesser zerkleinern, im Öl andünsten, das kleingeschnittene Ei beigeben und mit 1 EL Mehl verrühren. Suppennudeln in die Pfanne geben, ein paar Minuten mitbraten lassen, mit Brühe ablöschen und alles in den Topf zurückgeben. Einmal kurz aufkochen lassen, mit Salz abschmecken und heiß servieren.

EIER FLAMENCO-ART **

Huevos a la flamenca

Ein Gericht aus Sevilla, das in ganz Spanien als Vorspeise, auch portionsweise in Keramikschälchen, serviert wird.

⅛ l Fleischbrühe (s. S. 62)
4 Tomaten
Olivenöl
1 Zwiebel
4 Scheiben Serrano-Schinken
4 Scheiben Paprikawurst
250 g Erbsen
1 rote Paprikaschote
8 Stangen Spargel
4 Eier
Salz

Den Backofen auf 175 ° C vorheizen.

Die Tomaten überbrühen, häuten, halbieren, Stielansätze entfernen und mit einer Gabel zerdrücken. Eine Prise Zucker dazugeben, um den Tomaten den sauren Geschmack zu nehmen; mit Salz abschmecken und beiseite stellen. Olivenöl in einer Pfanne erhitzen. Die Tomaten und die feingewiegte Zwiebel in der Pfanne braten, bis die Tomatensauce eindickt.

Paprika, Erbsen, Spargel putzen und garen. Die Tomatensoße in eine Tonkasserolle geben, mit Schinkenscheiben und Paprikawurst bedecken. Erbsen, Paprika und Spargel darübergeben und mit der Fleischbrühe übergießen. Jetzt die Eier vorsichtig aufschlagen und in der Kasserolle verteilen. Die Kasserolle in den Backofen stellen und 10 Min. backen. Das Eiweiß muß gestockt sein.

Eier mit Speck nach Art der Estremadura **

Huevos con torreznos a la Estremeña

Olivenöl
100 g Speck
4 Scheiben Serrano-Schinken
4 Scheiben Weißbrot
8 Eier
Salz

Olivenöl in einer Pfanne erhitzen. Speck und Schinken unter ständigem Wenden anbraten, aus der Pfanne nehmen und beiseite stellen. 8 Spiegeleier zubereiten. Das Brot in der Pfanne braten. Schinken und Speck auf die Teller verteilen, die Eier darübergeben und zusammen mit dem fritierten Brot essen.

Eier nach Art der Taverne **

Huevos a la Gran Taberna

Ein Gericht, in dessen Genuß schon Leckermäuler wie George Borrow, Richard Ford und der Autor der Kameliendame, Alexandre Dumas, auf ihren Reisen durch Spanien kamen.

¼ l Fleischbrühe (s. S. 62)
12 Eier
Salz
Weinessig
500 g Makkaroni
1 Zwiebel
100 g Paprikawurst (Chorizo)
100 g Serrano-Schinken
¼ l Tomatensoße (Rezept s. S. 188)
Salz
2 Knoblauchzehen
1 Bund Petersilie
Butter
100 g alter Manchego-Käse

Die Eier 5 Min. lang in Salzwasser kochen, am Schluß Essig zugeben, abschrecken und beiseite stellen.

Die Makkaroni in Salzwasser bißfest kochen. Den Backofen auf 175 ° C vorheizen.

Die Zwiebel fein hacken, Schinken und Paprikawurst in kleine Würfel schneiden und in einer Pfanne mit heißem Olivenöl anbraten; mit Tomatensauce und Fleischbrühe ablöschen – eine Kelle Brühe für später aufbewahren –, 15 Min. kochen lassen, bis die Sauce auf die Hälfte reduziert ist. Petersilie und Knoblauch fein hacken und unter die Sauce rühren, kurz aufkochen lassen und vom Feuer nehmen.

Eine Tonkasserolle mit Butter einfetten, den Rest Brühe hineingeben. Den Boden der Kasserolle mit Makkaroni bedecken, die gepellten Eier vorsichtig darauf verteilen, die Tomatensauce darübergießen und mit dem frisch geriebenen Manchego-Käse bestreuen. Die Kasserolle für 10 Min. in den heißen Backofen schieben.

Fencheleier **

Hinojos esparragados

Ein typisches Rezept aus der Gitano-Küche

1 kg Fenchel
Olivenöl
2 Scheiben Weißbrot
½ Bund Petersilie
2 Knoblauchzehen
1 Schuß Weinessig
Salz
4 Eier

Den Fenchel waschen und kleinschneiden. Olivenöl in einer Pfanne erhitzen und die Weißbrotscheiben darin rösten.

Petersilie und Knoblauch mit dem Wiegemesser zerkleinern und zusammen mit dem Brot im Mörser zerstoßen, einen Schuß Weinessig beigeben und zu einer sämigen Paste verarbeiten.

Den Fenchel zusammen mit der Paste in eine Kasserolle geben, knapp mit Wasser bedecken und auf kleiner Flamme garen. Mit Salz abschmecken. Zum Schluß die Eier aufschlagen und vorsichtig in das Gemüse gleiten lassen, ohne daß sie kaputtgehen. Den Topf mit einem Deckel verschließen und die Fencheleier auf kleiner Flamme stocken lassen.

TIP: Die Gitanos verwenden nur die kleinen zarten Blattscheiden, die gerade aus der Erde kommen, man kann aber auch normalen großen Fenchel aus dem Gemüseladen nehmen.

RÜHREI NACH ART VON JUAN **

Revoltijo al estilo de Juan

Dieses Gericht ist der absolute Renner in Juans kleinem Restaurant »El Bidasoa« in der Altstadt von Barcelona.

2 rote Paprikaschoten
Olivenöl
250 g Champignons
8 frische Knoblauchstangen (ersatzweise 2 Porree und 8 Knoblauchzehen)
Salz
8 Eier

Backofen auf 175 ° C vorheizen.

Die Paprikaschoten auf ein geöltes Backblech legen und so lange im Ofen grillen, bis die Haut schwarz ist. Die Schoten aus dem Ofen nehmen, abkühlen lassen und die verbrannte Haut abziehen. Kerne, Rippen und Stielenden entfernen und die Paprika in kleine dünne Streifen schneiden.

Die Champignons putzen und blättrig schneiden.

Die Knoblauchstangen mit dem Wiegemesser zerkleinern.

Olivenöl in einer Pfanne erhitzen und das Gemüse hineingeben, salzen und 10 Min. dünsten. Die Eier vorsichtig aufschlagen, über das Gemüse geben und wie Spiegeleier kurz auf dem Gemüse stocken lassen. Sobald das Eiweiß zu stocken beginnt, vorsichtig mit den restlichen Zutaten vermischen. Das Revoltijo je nach Geschmack zartsaftig bis trocken servieren.

Spinateier nach Art von Granada **

Espinacas con huevos a la granadina

1 kg Blattspinat
Salz
100 g Mandeln
2 Knoblauchzehen
4 Scheiben altbackenes Weißbrot
2 EL Olivenöl
2 Gewürznelken
1 EL Kreuzkümmel
150 g Serrano-Schinken
4 Eier

Spinat in Salzwasser waschen (so geht der Sand besser ab); die Stielenden abschneiden. Einen Topf mit Salzwasser zum Kochen bringen und den Spinat darin garen, dann abtropfen lassen. Die Mandeln mit heißem Wasser überbrühen, schälen und reiben. Den Knoblauch mit dem Wiegemesser zerkleinern. Das Brot entrinden und in kleine Würfel schneiden. Das Olivenöl in einer Pfanne erhitzen und Mandeln, Knoblauch und Brot unter ständigem Rühren und Wenden darin goldbraun braten, Kreuzkümmel und Gewürznelken zugeben.

Den Backofen auf 200° C vorheizen.

Den Spinat mit den anderen Zutaten in der Pfanne vermischen und 3 Min. mitdünsten. Schinken in Streifen schneiden.

Eine Kasserolle mit Olivenöl einfetten und den Pfanneninhalt hineingeben, den Schinken darüberstreuen. Mit einem Löffel vier Vertiefungen in den Spinat drücken, die Eier aufschlagen, in die Vertiefungen geben und das Ganze 10 Min. im vorgeheizten Ofen backen.

Spanische Omelette **

Tortilla española

Die Tortilla Española ist heute neben der Paella der Inbegriff spanischer Küche. Tatsächlich erfunden haben diese dicke Kartoffelomelette allerdings die Belgier. Das Rezept taucht 1557 zum ersten Mal in einem Kochbuch auf, im ›Ouverture de Cuisine‹, veröffentlicht in Lüttich. Autor ist Lancelot de Casteau, der unter anderem Chef-Koch bei Prinz Ernst war, dem Herzog von Bayern und Erzbischof von Köln.

Die Spanier kamen, so erzählt man sich hierzulande, im vergangenen Jahrhundert während der Karlistenkriege zu ihrem »Nationalgericht«. Der General der Karlisten, Zumalacárregui, kam ausgehungert auf einen Gutshof und verlangte nach Essen. Die Bäuerin hatte nichts anzubieten als gekochte Kartoffeln und Eier, die sie vermengte.

So soll die erste Tortilla Española enstanden sein, von der es heute unzählige Varianten gibt. Sie werden als Tapa gereicht oder als Vor- und Hauptspeise gegessen. Ein Tortillaspezialist schafft es, daß die rohen, in feine Scheiben geschnittenen Kartoffeln zur gleichen Zeit gar sind, wie das Ei gestockt. Das gelingt aber nur auf einem Gasherd.

500 g Kartoffeln
1 Zwiebel
8 EL Olivenöl
4 Eier
Salz

Die Kartoffeln schälen, waschen und in feine Scheiben schneiden. Die Zwiebel kleinschneiden. Das Olivenöl in einer Pfanne erhitzen. Kartoffelscheiben und Zwiebel bei mittlerer Hitze darin garen. Die Eier in einer Schüssel aufschlagen, salzen und mit dem Schneebesen schaumig rühren. Kartoffeln und Zwiebel zu den Eiern geben.

Die Pfanne mit Küchenpapier auswischen, erneut mit einem Schuß Olivenöl erhitzen, die Eimischung hineingeben und auf kleiner Flamme stocken lassen. Dabei immer wieder an der Pfanne rütteln. Mit einem Pfannenwender – falls nötig – die Tortilla vorsichtig vom Rand lösen. Die Pfanne mit einem flachen Teller bedecken, Pfanne und Teller fest zusammenhalten und umdrehen. Die halbfertige Tortilla liegt jetzt auf dem Teller. Mit der gebräunten Seite nach oben wieder vorsichtig in die Pfanne zurückgleiten lassen und 5 Min. auf kleiner Flamme fertiggaren.

Arabische Omelette **

Tortilla árabe

1 Zwiebel
2 rote Paprikaschoten
Olivenöl
2 Tomaten
4 Sardellenfilets
1 Knoblauchzehe
4 Eier
Schmalz
Olivenöl
Salz

Den Backofen auf 175 ° C vorheizen.

Die Zwiebel mit dem Wiegemesser zerkleinern. Die Paprikaschoten auf ein geöltes Backblech legen und so lange im Ofen grillen, bis die Haut schwarz ist. Die Tomaten überbrühen, häuten und mit einer Gabel zerdrücken. Eine Prise Zucker dazugeben.

Die Haut von den Paprikaschoten abziehen; Kerne und Stielenden entfernen und die Schoten der Länge nach in dünne Streifen schneiden. Olivenöl in einer Pfanne erhitzen, Zwiebel, Tomaten und Paprika anbraten und zum Schluß die Sardellenfilets hineingeben.

Eine zweite Pfanne mit einer aufgeschnittenen Knoblauchzehe einreiben und mit Schmalz einfetten. Die Eier in eine Schüssel geben, mit dem Schneebesen schlagen, salzen und das Gemüse mit den Eiern verrühren.

Die Eimasse in die Knoblauch-Pfanne geben und auf kleiner Flamme stocken lassen. Dabei immer wieder an der Pfanne rütteln. Mit einem Pfannenwender – falls nötig – die Tortilla vorsichtig vom Rand lösen. Die Pfanne mit einem flachen Teller bedecken, Pfanne und Teller fest zusammenhalten und umdrehen. Die halbfertige Tortilla liegt jetzt auf dem Teller. Die Pfanne erneut mit Knoblauch einreiben und mit Schmalz einfetten. Die Tortilla mit der gebräunten Seite nach oben wieder vorsichtig in die Pfanne zurückgleiten lassen und fertiggaren.

Omelette nach Art der Kartäuser ***

Tortilla de la cartuja

Die Omelette nach Art der Kartäuser, auch »Tortilla francesa« (Französische Omelette) genannt, soll der berühmte Koch von Philipp II. erfunden haben.

Tortillaspezialisten haben eine kleine Pfanne, die sie nur für Tortilla francesa benutzen und die nie abgewaschen, sondern immer nur mit grobem Salz und einem trockenen Tuch ausgerieben wird.

2 EL frischgehackte Petersilie
4 EL Butter
8 Eier
2 EL Sahne oder Milch
Salz, Pfeffer

Die Tortilla wird portionsweise zubereitet.

Die Petersilie mit dem Wiegemesser zerkleinern. 1 EL Butter in einer kleinen Pfanne erhitzen. Zwei Eier mit einer Gabel schaumig schlagen, ½ EL Sahne zugeben und die Eimasse nochmals gut durchschlagen. Mit ½ EL Petersilie, einer Prise Salz und einer Prise Pfeffer würzen und die Eimasse ein drittes Mal mit der Gabel durchschlagen. In die Pfanne geben und auf kleiner Flamme 1 Minute stocken lassen. Dann die eine Hälfte der eben gestockten Eimasse mit der Gabel über die andere Seite klappen. Das zurücklaufende Ei immer wieder mit der Gabel auf die andere Seite der Pfanne ziehen, so daß nach und nach eine halbmondartige Tortilla entsteht. Wenn das Ei nicht mehr zurückläuft, einmal wenden. Die Tortilla sollte nicht durch zu langes Braten trocken werden. Die Oberfläche muß noch leicht glänzen, wenn die Tortilla heiß aus der Pfanne serviert wird. Die nächsten Tortillas ebenso zubereiten.

Omelette gekocht **

Tortilla guisada

Eine spanische Omelette, die mit der pikanten »Salsa de pobre hombre« (Sauce des armen Mannes) gekocht wird. Die Zubereitung der Tortilla finden Sie unter »Spanische Omelette« (S. 87).

⅛ l Fleischbrühe (s. S. 62)
1 Zwiebel
1 Knoblauchzehe
1 EL Olivenöl
1 EL Semmelbrösel
1 TL Paprikapulver
Petersilie
½ TL schwarze Pfefferkörner

Zwiebel und Knoblauch mit dem Wiegemesser zerkleinern. Olivenöl in einer Pfanne erhitzen; Zwiebel, Semmelbrösel und Paprikapulver kurz darin anbraten. Den Pfanneninhalt zusammen mit der Petersilie, dem Knoblauch und den Pfefferkörnern in den Mörser geben, mit dem Stößel zu einer sämigen Paste verarbeiten und anschließend mit der Fleischbrühe vermischen. Die Sauce über die fertige Omelette geben, in der zugedeckten Pfanne 3 Min. kochen lassen.

Omelette nach Art von Murcia **

Tortilla murciana

1 Knoblauchzehe
100 g Jamón Serrano (luftgetrockneter Schinken)
Olivenöl
1 Zwiebel
2 Tomaten
1 Zucchini
1 Aubergine
2 Artischocken
5 Eier
½ Bund Basilikum oder Petersilie
Salz

Knoblauch mit dem Wiegemesser zerkleinern, Schinken kleinschneiden. Olivenöl in der Pfanne erhitzen, Knoblauch und Schinken goldbraun braten und Pfanneninhalt beiseite stellen. Gemüse waschen und putzen. Zwiebel in feine Ringe schneiden. Tomaten achteln. Zucchini und Auberginen nur schälen, wenn sie sehr groß sind und die Haut sehr dick und

hart ist, in feine Scheiben schneiden. Die Artischocken von den Blättern befreien. Nur die Herzen verwenden und ebenfalls in kleine Scheiben schneiden. Olivenöl in der Pfanne erhitzen. Erst die Zwiebel goldbraun braten, dann die Artischocken ein paar Min. mitbraten, Auberginen und Zucchini in die Pfanne geben und zum Schluß die Tomaten unterrühren.

Inzwischen Basilikum oder Petersilie mit dem Wiegemesser zerkleinern. Eier in eine Schüssel geben, mit dem Schneebesen schlagen, mit Salz abschmecken. Die gewiegten Kräuter, Zwiebel und Schinken dazugeben und mit der Eimasse vermengen. Das Gemüse zu den Eiern geben und vermischen.

Die Eimasse in die Pfanne geben und auf kleiner Flamme stocken lassen. Dabei immer wieder an der Pfanne rütteln. Mit einem Pfannenwender – falls nötig – die Tortilla vorsichtig vom Rand lösen, die Pfanne mit einem flachen Teller bedecken, Pfanne und Teller fest zusammenhalten und umdrehen. Die halbfertige Tortilla liegt jetzt auf dem Teller. Die Tortilla mit der gebräunten Seite nach oben wieder vorsichtig in die Pfanne zurückgleiten und 5 Min. auf kleiner Flamme fertiggaren lassen.

Salat-Omelette **

Tortilla de lechuga

1 Salat
1 Zwiebel
Olivenöl
100 g geriebener Manchego-Käse
⅛ l Milch
5 Eier
Salz
1 Prise Muskatnuß

Den Salat waschen, gut abtropfen lassen, nur die zarten inneren Blätter verwenden und kleinschneiden. Eine Zwiebel mit dem Wiegemesser zerkleinern. Olivenöl in einer Pfanne erhitzen, die Zwiebel darin glasig dünsten. Den Salat ebenfalls kurz im heißen Öl wenden, dann die Pfanne beiseitestellen. Den Käse in der Milch quellen lassen. Die Eier in eine Schüssel geben, mit einer Gabel aufschlagen und mit Salz und frisch geriebener Muskatnuß abschmecken, dann mit Milch und Käse vermengen. Den Salat und die Zwiebel zu den Eiern geben.

Olivenöl in einer Pfanne erhitzen, die Eimasse hineingeben und auf kleiner Flamme stocken lassen. Dabei immer wieder an der Pfanne rütteln. Mit einem Pfannenwender – falls nötig – die Tortilla vorsichtig vom Rand lösen. Die Pfanne mit einem flachen Teller bedecken, Pfanne und Teller fest zusammenhalten und umdrehen. Die halbfertige Tortilla liegt jetzt auf dem Teller. Die Tortilla mit der gebräunten Seite nach oben wieder vorsichtig in die Pfanne zurückgleiten lassen und in ein paar Minuten auf kleiner Flamme fertiggaren.

Saubohnen-Omelette **

Tortilla de habas tiernas

1 kg frische Saubohnen (dicke Bohnen)
1 Zwiebel
2 Knoblauchzehen
Olivenöl
Salz
1 Bund Pfefferminze
6 Eier

Die Bohnen palen. Zwiebel und Knoblauch mit dem Wiegemeser zerkleinern. Olivenöl in einer Pfanne erhitzen. Zwiebel und Knoblauch darin scharf anbraten; die Saubohnen dazugeben. Salzen und 5 Min. dünsten lassen.

Inzwischen die frische Pfefferminze mit dem Wiegemesser zerkleinern. Die Eier in eine Schüssel geben, mit der Gabel verschlagen und salzen. Das Gemüse und die Pfefferminze zu den Eiern geben.

Olivenöl in einer Pfanne erhitzen, die Eimasse hineingeben und auf kleiner Flamme stocken lassen. Dabei immer wieder an der Pfanne rütteln. Mit einem Pfannenwender – falls nötig – die Tortilla vorsichtig vom Rand lösen. Die Pfanne mit einem flachen Teller bedecken, Pfanne und Teller fest zusammenhalten und umdrehen. Die halbfertige Tortilla liegt jetzt auf dem Teller. Die Tortilla mit der gebräunten Seite nach oben wieder vorsichtig in die Pfanne zurückgleiten lassen und in ein paar Minuten auf kleiner Flamme fertiggaren.

EINTÖPFE

Cocidos, pucheros y potajes

Kichererbsen, dicke Bohnen, Linsen und Reis waren schon immer die Proteinlieferanten der Armen, denn Fleisch war ein Hauptnahrungsmittel der Reichen. Die Zusammensetzung der Eintöpfe, die je nach Region Cocido, Potaje, Puchero, O Pote und Olla genannt werden, richtet sich nach den Gaben von Feld und Meer. In den Küstenregionen gibt es Eintöpfe mit Meeresfrüchten, während man im Landesinneren üppige Cocidos ißt, mit dicken Bohnen, Linsen und Kichererbsen. Zur Fastenzeit wurden sie sowieso ohne Fleisch zubereitet.

Die Dichter des Goldenen Zeitalters wie Cervantes, Lope de Vega und Quevedo widmeten den Eintöpfen viele Verse und notierten auch, was fleischlose Eintöpfe bewirkten, nämlich »Freitagsgesichter«, die nach Mangold aussahen, also grün.

Die Cocidos, Ollas und Potes gehen auf die Adafina aus dem 15. Jahrhundert zurück, ein Gericht der spanischen Juden. Sie bereiteten ihren Eintopf aus Huhn, Rind und Gemüse am Freitag vor und ließen ihn die ganze Nacht auf kleiner Flamme köcheln, um ihn am Samstag während des Sabbats essen zu können. Wegen des Arbeitsverbots darf am Sabbat ja nicht gekocht werden. Als die Katholischen Könige die Gitanos auf die Galeeren schickten, die Araber und Juden vertrieben, traten zahlreiche Spanier jüdischen Glaubens zum Christentum über, um auf diese Weise den grausamen Pogromen zu entgehen. Die sogenannten »Neuchristen« hatten dennoch unter der Inquisition zu leiden. Um zu vertuschen, daß man im Innersten seines Herzens jüdischen Glaubens geblieben war, gab man seinem Eintopf sogar Schweinefleisch bei, um nicht »entdeckt« zu werden. So wurde der Cocido zum Symbol von Gläubigkeit.

Die Olla podrida (Verdorbener Topf) wurde zum Pendant der jüdischen Adafina. Ein Eintopf, dessen Name auf einem linguistischen Mißverständnis beruht. Sein wirklicher Name ist Olla poderida (Mächtiger Topf) wegen der vielen Proteine und Kalorien, die die Zutaten enthalten. Martínez Montiño wies im 16. Jahrhundert auf dieses Mißverständnis hin: »Hochwürden, Sie sollen wissen, daß die

Verderbtheit nicht auf der Korruption des Eintopfes beruht, sondern auf der der Sprache.«

Daß der Speck für viele Köche das wichtigste am Eintopf war, machen folgende Sprichwörter klar: »No hay olla sin tocino, ni sermón sin Agustino« (So wie es keine Litanei ohne Augustinus gibt, gibt es keine Eintöpfe ohne Speck), »Sin tocino la olla, el diabolo la coma« (Kein Speck im Eintopf, dann ißt ihn der Teufel). In Andalusien sind die Olla gitana und der Cocido colorao berühmt, in Madrid der Cocido madrileño, in Asturien die Fabada, auf den Kanarischen Inseln der Almodrote. Don Quixote aß an vielen Abenden Salpicón, die Eintopfreste. In vielen europäischen Ländern wurde der Eintopf zum Allheilmittel gegen kalte Winter und Proteinmangel. Alexandre Dumas, Autor der Kameliendame, behauptete in seinem Buch ›Spanische Küche‹, die Olla würde seit langem nicht mehr existieren. Doch auch hier hatte er sich getäuscht, wie mit so vielem. Nirgendwo sonst spielen Eintöpfe eine so große Rolle wie in Spanien. Bis heute. Vielerorts gibt es Restaurants, deren Spezialität einzig und allein der Eintopf ist, wie zum Beispiel das Restaurant Malacatin in der Altstadt von Madrid. Dort muß man 50 bis 60 Mark pro Person auf den Tisch legen, um den dreigängigen Eintopf serviert zu bekommen. In Madrid erscheint der traditionelle Eintopf normalerweise nicht auf der Karte der Restaurants, sondern wird nur an einem bestimmten Tag der Woche angeboten: Im Casa Ciriaco gibt es die Olla podrida, von dem das Rezept (s. S. 108) in diesem Buch stammt, immer am Dienstag.

Man serviert ihn entweder als Eintopf oder – echter – in drei Gängen: zuerst Suppe mit Nudeln, danach das Gemüse und zum Schluß den Wurst- und Fleischgang. Zur Suppe bekommt man weißen, zum zweiten und dritten Gang roten Wein serviert. Die drei Gänge werden im Volksmund »Sota, Caballo y Rey« (Bube, Dame und König), genannt. In diesem Kapitel sind nicht nur Eintöpfe, sondern auch deren Resteverwertung beschrieben, wie zum Beispiel Salpicón oder Olla gitana.

Alte Kleider **

Ropa vieja

Eine leckere Resteverwertung des Eintopfes.

4 große Kartoffeln
2 grüne Paprikaschoten
1 Zwiebel
Olivenöl
200 g Fleischreste vom Eintopf
4 Eier
½ Bund Petersilie

Die Kartoffeln schälen und in feine Scheiben schneiden. Die Paprikaschoten aufschneiden, Kerne und Stielenden entfernen und in kleine Streifen schneiden. Die Zwiebel mit dem Wiegemesser zerkleinern. Olivenöl in einer Pfanne erhitzen, das Gemüse scharf anbraten und im eigenen Saft dünsten. Die Fleischreste kleinschneiden, dazugeben und alles mit Salz würzen.

Die Eier auf einem Teller mit der Gabel durchschlagen. In einer zweiten Pfanne ein wenig Olivenöl erhitzen und die geschlagenen Eier darin kurz stocken lassen. Fleisch und Gemüse auf die Eimasse geben und unterheben. Die Petersilie mit dem Wiegemesser zerkleinern und über das Rührei geben.

Andalusischer Eintopf ***

Potaje andaluz

500 g Kichererbsen
2 l Fleischbrühe (s. S. 62)
1 Zwiebel
4 Knoblauchzehen
250 g Speck
Olivenöl
Weinessig
1 EL Paprikapulver
Safran
Salz, Peffer
2 Tomaten
250 g Kürbis
250 g grüne Bohnen
1 Bund Pfefferminze
200 g Paprikawurst (Chorizo)

Die Kichererbsen über Nacht in Wasser einweichen. Fleischbrühe zubereiten. Zwiebeln und Knoblauch kleinschneiden, den Speck würfeln. Olivenöl in einem Topf erhitzen, Zwiebel, Knoblauch und Speck darin goldbraun braten und mit einem Schuß Weinessig ablöschen. Kichererbsen abgießen, in den Topf geben und mit der Fleischbrühe aufgießen. Mit Paprika-

pulver, Safran, Salz und Pfeffer würzen und ein Lorbeerblatt hineingeben. 45 Min. bei schwacher Hitze köcheln lassen.

Die Tomaten überbrühen, häuten, die Stielansätze entfernen und kleinschneiden. Den Kürbis in große Würfel schneiden. Tomaten, Bohnen und Kürbis nach 45 Min. in den Topf geben und mitkochen.

Die Pfefferminze mit dem Wiegemesser zerkleinern. Zum Schluß die Würste und Pfefferminze dazugeben und 15 Min. mitgaren lassen. Nochmals abschmecken, das Lorbeerblatt herausnehmen und den Eintopf servieren.

Asturischer Bohneneintopf ***

Fabada asturiana

500 g getrocknete weiße Bohnen
2 Zwiebeln
4 Knoblauchzehen
150 g Speck
150 g Serrano-Schinken
Olivenöl
2 Tomaten
1 EL Paprikapulver
1 Lorbeerblatt
10 Safrannarben (oder 1 TL Safranpulver)
Salz, Pfeffer
200 g geräucherte Paprikawurst (Chorizo)
200 g Blutwurst (Morcilla)

Die Bohnen über Nacht in Wasser einweichen. Zwiebeln und Knoblauch kleinschneiden, Speck und Schinken würfeln. Olivenöl in einem Topf erhitzen, Zwiebeln, Knoblauch, Speck und Schinken darin goldbraun braten. Tomaten überbrühen, häuten, die Stielansätze entfernen und kleinschneiden. In den Topf geben und mitdünsten. Mit Paprikapulver, Salz und Pfeffer würzen, ein Lorbeerblatt und Safran beigeben. Die Bohnen abgießen und ebenfalls in den Topf geben; 2 l Wasser aufgießen. Das Ganze 1 Stunde bei schwacher Hitze köcheln lassen. Zum Schluß die Wurst (ungeschnitten) 20 Min. mitgaren. Nochmals abschmecken, das Lorbeerblatt herausnehmen und den Eintopf servieren.

Juan de Dios Ramirez-Heredia

Journalist, Autor und Präsident des spanischen Gitano-Verbandes, Gitano-Beauftragter der spanischen Regierung, spanischer Vorsitzender der EU-Kommission gegen Rassismus
Jahrgang 1942
Geboren in Puerto Real, Cadiz (Andalusien)

Wenn Sie zwei Wochen lang jeden Tag das gleiche essen müßten, wofür würden Sie sich entscheiden?
Für »Alte Lumpen«, ein Reste-Essen aus Fleisch, Speck, Bratkartoffeln, Kichererbsen und sonstigen Resten.

Auf welchen kulinarischen Luxus können Sie mühelos verzichten?
Auf Meeresfrüchte.

Was war Ihre Leibspeise in der Kindheit?
Reis mit Bohnen, Fenchel und Speck.

Was sind für Ihr Gefühl die drei Grundbestandteile der ursprünglichen spanischen Küche?
Olivenöl, Kartoffeln und Eier.

Hätten Sie nur eine ganz schmale Rente: Wovon würden Sie sich vor allem ernähren?
Von Reis, Kartoffeln und Salat.

Sinnlose Verschwendung: Woran denken Sie da im Bereich Essen und Trinken?
Gazpacho als Vorspeise.

Welches ist für Sie das beste klassische Gericht Ihrer Heimat?
Berza de garbanzos, acelgas, patatas y pringue – Kichererbsenkraut, Mangold, Kartoffeln und Fett.

Was ist der schlimmste gastronomische Brauch des 20. Jahrhunderts?
Hamburger.

Bei welchem Essensduft werden Sie schwach?
Guiso de patatas con costillas de cordero – Kartoffeln mit Hammelrippchen.

Sie bereiten ein Liebesmenü für zwei, das sich auch ein Student oder Lehrling leisten könnte. Was gibt es zu essen, was gibt es zu trinken?
Grünen Salat, Olla Gitana (eine Olla ohne Kichererbsen, mit Reis und Fett), zum Nachtisch Obst.

Welches spanische Gericht ist zu Unrecht vergessen?
Fritierte dünne Pfannkuchen aus Mehlteig, gefüllt mit Garnelen.

Wenn Sie in Spanien authentisch, einfach, gut und preiswert essen wollen. Wo gehen Sie hin?
Ins ›Meson Jesús‹ in der Calle Ciegos de la Boqueria in Barcelona.

Bohneneintopf mit Fenchel **

Potaje de habichuelas e hinojo

Ein Bohneneintopf der Gitanos.

½ kg weiße Bohnen
½ kg Fenchel
½ kg Reis
1 Tomate
8 Knoblauchzehen
Safran
1 EL Paprikapulver
Pfeffer
Olivenöl
Salz

Weiße Bohnen über Nacht in Wasser einweichen. Die Gitanos verwenden nur die kleinen zarten Blattscheiden des Fenchels, die aus der Erde kommen, man kann aber auch normal großen Fenchel aus dem Gemüseladen verwenden. Fenchel sorgfältig waschen und kleinschneiden. Einen Topf mit Wasser aufsetzen und den Fenchel garkochen.

Bohnenwasser abgießen und die Weißen Bohnen in einem zweiten Topf mit Wasser bedecken und garkochen. Den Fenchel hinzufügen und das Fenchelwasser beiseite stellen. ⅛ l Olivenöl in einer Pfanne erhitzen, 4 ganze, ungeschälte Knoblauchzehen im Mörser zerstoßen und mit der Tomate fritieren. Mit Paprikapulver bestreuen, alles gut vermischen und in den Eintopf geben. Jetzt die restlichen Knoblauchzehen schälen und mit Pfeffer und Safranfäden im Mörser zerquetschen und zum Eintopf dazugeben. Das Fenchelwasser bis zu 1 l Flüssigkeit auffüllen, zum Kochen bringen und den Reis garen. Zum Schluß den Reis in den Eintopf untermischen. Mit Salz abschmecken und servieren.

Eintopf nach Art der Gitanos ***

Olla a la gitana

Der Eintopf der Gitanos hat nichts mit dem Gericht gemein, das üblicherweise in Spanien unter Gitano-Eintopf verstanden wird. Hier der »echte« Eintopf.

500 g getrocknete Kichererbsen
1 Rinderzunge
150 g frischer Speck
150 g gepökelter Speck
1 Huhn
250 g mageres Schweinefleisch
3 Kartoffeln
250 g Kürbis
500 g Mangold oder Karden
Salz
Pfefferminze
200 g Reis oder Suppennudeln

Die Kichererbsen über Nacht einweichen. Die Rinderzunge sorgfältig abkratzen und abwaschen. Mit siedendem Wasser überbrühen, die Haut entfernen, in 2 Std. weichkochen, dann kleinschneiden. Zunge, Speck, Huhn und Schweinefleisch in einen Topf geben. Mit reichlich Wasser aufgießen und zum Kochen bringen. Die Kichererbsen abseihen und in den Topf geben. Alles 45 Min. garen lassen. Die Kartoffeln und den Kürbis schälen und kleinschneiden. Den Mangold ohne Stiele kleinschneiden. (Sollten Sie Karden verwenden: die Stiele von den Blättern trennen, Haut und Fasern abziehen und die Stiele in ca. 7 cm lange Stücke schneiden.) Das Gemüse in den Eintopf geben; salzen. Vor dem Servieren einen Teil der Brühe abseihen und in einen anderen Topf geben. Reis oder Suppennudeln dazugeben und die Brühe zum Kochen bringen. Wenn der Reis oder die Nudeln gar sind, die Pfefferminze mit dem Wiegemesser zerkleinern und zur Brühe geben. Erst die Suppe servieren, dann den Eintopf.

Gitano-Eintopf *

Olla gitana

Die Olla gitana stammt aus dem Süden Spaniens und ist nicht, wie fälschlicherweise angenommen, der Eintopf, den die Gitanos zubereiten. In den Häusern reicher Familien war es üblich, die Fleischreste des Eintopfes aufzubewahren und am nächsten Tag Bettlern und Gitanos anzubieten. Man richtete das kalte Fleisch in einer Schüssel an und übergoß es mit einer Marinade aus Essig und Öl.

3 Paprikaschoten
1 Zwiebel
2 Knoblauchzehen
½ Bund Petersilie
200 g Fleischreste
Olivenöl
Weinessig
Salz
Aceitunas sevillanas (große, grüne Oliven)

Den Backofen auf 175 ° C vorheizen. Die Paprikaschoten auf ein geöltes Backblech legen und so lange im Ofen grillen, bis die Haut schwarz ist. Inzwischen die Zwiebel kleinschneiden, Knoblauch und Petersilie hacken, mit Olivenöl und Essig anrühren und salzen. Den Paprika aus dem Ofen nehmen und abkühlen lassen. Die verbrannte Haut abziehen. Die Paprikaschoten aufschneiden, Kerne und Stielenden entfernen. Die Paprika der Länge nach in dünne Streifen schneiden. Mit den Oliven unter das Fleisch mischen und das Ganze mit der Marinade übergießen. Danach ziehen lassen und kalt servieren.

Eintopf nach der Art der Kanaren ***

Puchero canario

300 g getrocknete Kichererbsen
Olivenöl
½ kg Rinderbrust
250 g frischer Speck
2 Blutwürste (Morcillas)
2 Paprikawürste (Chorizos)
200 g Kürbis
5 Kartoffeln
2 Süßkartoffeln (Boniatos)
2 Maiskolben
1 große Birne
200 g grüne Bohnen
250 g Weißkohl
3 Knoblauchzehen
2 Gewürznelken
10 Safrannarben (oder 1 TL Safranpulver)
Salz

Die Kichererbsen über Nacht in Wasser einweichen.

Olivenöl in einem Topf erhitzen. Das in mundgerechte Stücke geschnittene Fleisch, den Speck und die Würste darin anbraten. Die Kichererbsen abgießen, zum Fleisch geben und alles mit Wasser bedecken. Eine Stunde kochen. Ab und zu den Schaum abschöpfen.

Inzwischen den Kürbis, die Kartoffeln, die Süßkartoffeln, die Maiskolben, die Birnen und die grünen Bohnen waschen, putzen, kleinschneiden und in den Topf geben. Nochmals mit Wasser auffüllen, bis alle Zutaten bedeckt sind. Den Weißkohl in einem separaten Topf blanchieren, abkühlen lassen, die Strünke entfernen, in feine Streifen schneiden und zum Eintopf geben.

Knoblauch, Gewürznelken und Safranfäden in einen Mörser geben und mit dem Stößel zu einer Paste verarbeiten, eine halbe Kelle Brühe hinzufügen, gut durchrühren und in den Eintopf geben. Salzen und weitere 25 Min. köcheln lassen.

Eintopf nach Madrider Art *** oder Mächtiger Topf

Cocido madrileño o olla podrida

Ursprünglich ist der Cocido madrileño, der im Prinzip der Olla podrida entspricht, ein Gericht einfacher Leute – wenn man die Fleischklößchen und die Würste wegdenkt.

500 g getrocknete Kichererbsen
500 g Rinderhesse (Morcillo de vaca)
1 Markknochen
1 Schinkenknochen
250 g Speck
3 große Kartoffeln
1 kleine Kohlrübe
4 Mohrrüben
250 g Grüne Bohnen
½ Suppenhuhn
Salz
Sherry
1 spanische Schlackwurst (= Longaniza; sie kann durch Bratwurst ersetzt werden)
1 Blutwurst (Morcilla)
½ Weißkohl
250 g Reis oder Suppennudeln

Für die Fleischklößchen:
4 Knoblauchzehen
½ Bund Petersilie
2 Eier
6 EL Semmelbrösel
Salz
3 EL Mehl
Olivenöl

Die Kichererbsen über Nacht in Wasser einweichen. Einen Topf mit Wasser aufsetzen, Kichererbsen, Fleisch, Knochen und Speck darin zum Kochen bringen.

Inzwischen die Kartoffeln, die Kohlrübe und die Mohrrüben schälen und kleinschneiden. Die Bohnen putzen und halbieren. Wenn das Fleisch halb gar ist, das Huhn (ganz) und das Gemüse dazugeben. Wenn alle Zutaten gar sind, mit Salz und einem Schuß Sherry abschmecken.

Ein Drittel der Brühe in einen zweiten Topf abseihen und für die Suppe beiseitestellen. Die Würste in den Eintopf geben und darin garkochen. Gegebenenfalls den Schaum abschöpfen.

In einem dritten Topf den kleingeschnittenen Weißkohl garen. Zum Kochwasser eine Kelle Brühe geben. Wenn der Kohl gar ist, das Kohlwasser weggießen und den Kohl beiseitestellen.

Nun die Klößchen zubereiten: Knoblauch und Petersilie mit dem Wiegemesser zerkleinern. Die Hälfte der Hesse aus der Brühe nehmen und sehr fein schneiden. Die Eier mit einer Gabel verschlagen, 2 Knoblauchzehen, Petersilie, Semmelbrösel und Fleisch unterrühren, salzen und eine sämige Paste herstellen, pro Person ein Fleischklößchen daraus formen und in Mehl wälzen. Olivenöl in einer Pfanne erhitzen und die Fleischklößchen fritieren. In den Eintopf geben und diesen erneut zum Kochen bringen.

Die Suppe ebenfalls zum Kochen bringen und Reis oder Suppennudeln dazugeben.

Den Weißkohl und die restlichen Knoblauchzehen in feine Scheiben schneiden. Olivenöl in der Pfanne erhitzen, den Knoblauch goldbraun braten und den Weißkohl dazugeben. Der Weißkohl wird in einer Schale separat serviert. Zuerst die Suppe servieren und dann Fleisch, Würste und Gemüse auf

Fleisch- und Gemüseeintopf ***

Escudella i carn d'olla

Ein traditionelles katalanisches Weihnachtsgericht, das nach wie vor in vielen Familien auf den Tisch gebracht wird. Ein deftiger Eintopf für kalte Tage. Die Escudella i carn d'olla kann als Eintopf oder in drei Gängen serviert werden: Suppe mit Nudeln und Fleischbällchen als Vorspeise, dann das Gemüse und am Schluß ein Fleisch- und Wurstgang. Für 6 Personen.

250 g getrocknete Kichererbsen
1 Schinkenknochen
1 Rindsknochen
1 Schweinefuß
300 g Ochsenmaul
150 g Schweinespeck
250 g Huhn
250 g Hähnchen
4 Kartoffeln
½ Weißkohl
3 Mohrrüben
1 Fenchelknolle
1 kleine Sellerieknolle
300 g Schwarze, katalanische Bauernbratwurst (Botifarra negra)
300 g Weiße, katalanische Bauernbratwurst (Botifarra blanca)
Salz, Pfeffer
1 Lorbeerblatt
200 g Nudeln (Galets)
2 EL Schmalz
10 Safrannarben (oder 1 TL Safranpulver)

Für die Fleischklöße:
1 Scheibe altbackenes Weißbrot
⅛ l Milch
1 Knoblauchzehe
½ Bund Petersilie
150 g Hackfleisch vom Rind
150 g Hackfleisch vom Schwein
1 Ei
Salz, Pfeffer

Über Nacht die Kichererbsen in Wasser einweichen; am nächsten Tag unter fließend kaltem Wasser waschen.

Einen großen Topf mit Wasser aufsetzen. Die Knochen unter kaltem Wasser säubern. Den Schweinespeck kleinschneiden.

Mit Rinderschnauze, Schweinefuß, Huhn, Hähnchen und Knochen ins kalte Wasser geben und zum Kochen bringen.

Inzwischen die Fleischklöße zubereiten: Dazu das Brot entrinden und in Milch einweichen und ausdrücken.

Den feingewiegten Knoblauch und die feingewiegte Petersilie mit dem Brot vermischen und zum Hackfleisch geben. Ein Ei mit einer Gabel verschlagen und ebenfalls mit dem Fleisch vermischen, mit Salz und Pfeffer würzen. Aus dem Fleischteig zwei oder drei Klöße formen und beiseitelegen.

Das Gemüse putzen und in grobe Stücke schneiden. Wenn die Knochen ausgekocht sind, den Schaum von der Fleischbrühe schöpfen und diese durch ein Sieb gießen. Würste, Gemüse, Kichererbsen und Fleischklöße in die Brühe geben und die Escudella mit Salz, Pfeffer und einem Lorbeerblatt würzen. 1 Stunde auf kleiner Flamme köcheln lassen.

Dann werden alle Zutaten aus der Brühe gefischt und heißgehalten.

Jetzt die Galets (mittelgroße schneckenförmige Nudeln) in der Brühe kochen. Um Farbe und Geschmack der Brühe abzurunden, noch etwas Schmalz und Safran zugeben.

Zuerst kommt die Suppe mit den Galets auf den Tisch. Als zweiter Gang wird das Gemüse und zum Schluß das Fleisch auf einer Vorlegeplatte serviert.

FLEISCHSALAT *

Salpicón

Der Salpicón ist eine Resteverwertung für Eintopf. Berühmt wurde dieses Gericht durch Cervantes' Don Quixote. Der scharfsinnige Edle von La Mancha aß ihn fast jeden Abend.

200 g Fleischreste von einem Eintopf
100 g frischer Speck
1 Zwiebel
Salz, Peffer
Weinessig

Fleischreste und Speck kleinschneiden. Die Zwiebel mit dem Wiegemesser zerkleinern. Zwiebel über das Fleisch geben, mit Salz und Pfeffer würzen und mit Weinessig beträufeln. Auf Olivenöl wird verzichtet, weil das Fleisch in der Regel genug Fett enthält. Der Salpicón kann mit geröstetem, mit Knoblauch eingeriebenem und mit Olivenöl beträufeltem Brot serviert werden.

Galicischer Eintopf ***

O pote gallego

So, wie Obdulia aus Vimianzo, einem kleinen Ort im Hinterland der Todesküste (Costa de la muerte), ihn zubereitet.

200 g getrocknete, weiße Bohnen
2 l Fleischbrühe (s. S. 62)
300 g Schweinerippchen
500 g Schweinefleisch (Schweinefuß, Schweineohr und Schweinebauch)
150 g frischer Vorderschinken (Lacón fresco)
4 El Schweineschmalz
250 g Rübenkraut (Grelos, können durch Grünkohl ersetzt werden)
500 g Kartoffeln
Salz, Pfeffer
250 g Blutwurst (Morcilla)
250 g Paprikawurst (Chorizo)

Die Bohnen über Nacht in Wasser einweichen.

Fleischbrühe zubereiten. Schweinerippchen, Schweinefuß, Schweineohr, Schweinebauch und Vorderschinken in Schmalz anbraten, mit Brühe übergießen und garen. Dann das Fleisch aus der Brühe nehmen, abkühlen lassen, von den Knochen lösen und in mundgerechte Stücke schneiden. Zurück in die Brühe geben. Die Bohnen abgießen, in die Brühe dazugeben und 45 Min. köcheln lassen.

Inzwischen Rübenkraut oder Grünkohl waschen und kleinschneiden; die Kartoffeln schälen und würfeln und beides in den Topf geben. Weitere 30 Min. kochen. Zum Schluß die Würste in größere Stücke schneiden und dazugeben. Nach weiteren 15 Min. ist der Eintopf fertig. Zuerst die Suppe mit dem Rübenkraut oder dem Grünkohl servieren, dann die Kartoffeln mit Bohnen und zum Schluß Fleisch und Würste.

Kichererbseneintopf mit Spinat **

Potaje de garbanzos con espinacas

Die Karthager brachten die Kichererbsen auf die Iberische Halbinsel. Sie gedeihen in Kastilien rund um Madrid besonders gut. So erklärt sich zum Beispiel auch der Name des Madrider Stadtteils Carabanchel. Er erinnert an die Kichererbsenfelder, die sich einst dort befanden.

500 g getrocknete Kichererbsen
2 l Fleischbrühe (s. S. 62)
2 Zwiebeln
4 Knoblauchzehen
3 Tomaten
500 kg Blattspinat
Olivenöl
1 Lorbeerblatt
Salz, Pfeffer
4 Eier

Die Kichererbsen über Nacht in Wasser einweichen. Zwiebeln und Knoblauch kleinschneiden. Die Tomaten überbrühen,

häuten, die Stielansätze entfernen und die Tomaten kleinschneiden. Den Spinat kurz in Salzwasser legen, waschen und die Stielansätze entfernen, kleinschneiden und beiseite stellen. Olivenöl in einem Topf erhitzen, die Zwiebeln darin goldbraun braten; Tomaten und Lorbeerblatt zugeben. Mit Salz und Pfeffer würzen. Die Kichererbsen abgießen, in den Topf geben und mit der Fleischbrühe aufgießen. 45 Min. bei schwacher Hitze köcheln lassen. Das Lorbeerblatt herausnehmen und den Spinat hineingeben. Den Eintopf nochmals abschmecken und weitere 15 Min. kochen.

Inzwischen die Eier hartkochen und kleinschneiden. Den Eintopf auf die Teller verteilen, mit dem Ei dekorieren und servieren.

Lammeintopf nach Art von Leon ***

Cocido de cordero a la leonesa

½ l Fleischbrühe (s. S. 62)
1 Zwiebel
4 Knoblauchzehen
1 Tomate
4 Mohrrüben
250 g Bohnen
250 g Erbsen
4 Stangen Spargel
250 g Kartoffeln
500 g Lammfleisch
Olivenöl
2 EL Semmelbrösel
Salz, Pfeffer
1 Lorbeerblatt

Die Zwiebel und den Knoblauch hacken. Die Tomate überbrühen, häuten, den Stielansatz entfernen und mit einer Gabel zerdrücken. Die Mohrrüben in dünne Scheiben schneiden, die Bohnen halbieren, die Erbsen palen, den Spargel schälen und dritteln, die Kartoffeln schälen und in kleine Stücke schneiden. Das Lammfleisch in mundgerechte Stücke würfeln.

Olivenöl in einem Topf erhitzen und Zwiebel, Knoblauch und Lammfleisch scharf anbraten. Die Semmelbrösel einstreuen und umrühren. Die Tomate dazugeben und mitdünsten. Bohnen, Erbsen und Kartoffeln hinzufügen, salzen und pfeffern. Ein Lorbeerblatt beigeben und mit Fleischbrühe auffüllen. 30 Min. bei schwacher Hitze köcheln. Wasser in einem Topf zum Kochen bringen und den Spargel garen. Den Lammeintopf auf die Teller verteilen mit Spargel garnieren und servieren.

Linseneintopf ***

Potaje de lentejas

Das Sprichwort »Con chorizo y lentejas, ¿de qué te quejas?« – »Mit Paprikawurst und Linsen, was beschwerst du dich?« – erinnert an schlechtere Zeiten, in denen ständig Eintöpfe gegessen wurden und Paprikawurst nur selten als Einlage dabei war.

500 g getrocknete Linsen
1 Knoblauchknolle
1 Zwiebel
Olivenöl
1 Lorbeerblatt
1 TL Gewürznelken
2 EL Mehl
1 Tomate
1 rote Paprikaschote
2 Mohrrüben
1 Porree
1 EL Paprikapulver
1 TL Kreuzkümmel
Salz, Pfeffer
2 Kartoffeln
500 g Paprikawurst (Chorizo)

Die Linsen über Nacht in Wasser einweichen.

Knoblauch und Zwiebel mit dem Wiegemesser kleinschneiden und in einem Topf in Olivenöl braten. Lorbeerblatt und Gewürznelken dazugeben. Mit Mehl bestäuben und gut umrühren.

Die Tomaten überbrühen, häuten und kleinschneiden. Die Paprikaschote putzen und in Streifen schneiden. Mohrrüben und Porree ebenfalls kleinschneiden. Gemüse in den Topf geben und im eigenen Saft dünsten. Mit Paprikapulver, Kreuzkümmel, Salz und Pfeffer würzen. Die abgetropften Linsen hinzufügen und mit 1½ l Wasser aufgießen. Zugedeckt 30 Min. bei schwacher Hitze köcheln lassen.

Die Kartoffeln schälen, würfeln und in Olivenöl fritieren.

Wenn die Linsen gar sind, die Paprikawurst (im Ganzen) in den Topf geben. 5 Min. mitkochen. Den Eintopf nochmals abschmecken und auf die Teller verteilen, mit den knusprigen Kartoffeln bestreuen.

FISCHEINTOPF ***

Caldereta de peix

Bei diesem Gericht werden Fische und Meeresfrüchte je nach Tagesfang verwendet.

500 g Venusmuscheln (Almejas)
1 EL Meersalz
1 kg Fisch, nach Angebot des Tages: Kabeljau (Bacalao), Seehecht (Merluza), Seebrasse (Besugo), Hornhecht (Agujas), Steinbutt (Rodaballo) oder Heilbutt (Mero)
2 EL Weinessig
2 Tomaten
1 kg Kartoffeln
2 Zwiebeln
4 Knoblauchzehen
Olivenöl
1 EL Paprikapulver
Pfeffer
1 Lorbeerblatt

Wasser und Meersalz in einem Topf zum Kochen bringen und die Muscheln darin solange kochen, bis sie sich geöffnet haben. Verschlossene Muscheln wegwerfen. Sie sind verdorben! Das Muschelwasser beiseitestellen. Den Fisch putzen, die Gräten entfernen, salzen und mit Essig benetzen.

Die Tomaten überbrühen, häuten und mit einer Gabel zerdrücken. Kartoffeln schälen und kleinschneiden, die Zwiebeln hacken, den Knoblauch in feine Scheiben schneiden. Olivenöl in einem Topf erhitzen. Knoblauch, Zwiebeln und Tomaten darin anbraten. Mit Paprikapulver, Pfeffer und einem Lorbeerblatt würzen. Die Kartoffeln dazugeben und mit Muschelwasser bedecken. Nach 15 Min. den Fisch auf die Kartoffeln legen, nochmals mit Muschelwasser aufgießen, einen Schuß Weißwein dazugeben und 15 – 20 Min. köcheln lassen. Zum Schluß die Muscheln dazugeben, Muschelwasser nachgießen und weitere 3 Min. kochen lassen.

DICKE BOHNEN NACH KATALANISCHER ART **

Faves a la catalana

½ l Fleischbrühe (s. S. 62)
1 ½ kg dicke Bohnen
5 Tomaten
250 g geräucherter Speck
100 g frischer Speck
Olivenöl
3 Knoblauchzehen
2 Zwiebeln
1 EL Thymian
1 EL Pfefferminze
1 Schuß Weinbrand
1 Lorbeerblatt
Salz, Pfeffer
250 g Blutwurst (Morcilla)

Die Bohnen palen. Die Tomaten überbrühen, häuten, die Stilansätze entfernen und die Tomaten mit einer Gabel zerdrücken. Den Speck kleinschneiden. Olivenöl in der Pfanne erhitzen und den Speck unter Umwenden anbraten. Knoblauch und Zwiebeln hacken und mit gewiegtem Thymian und Pfefferminze in die Pfanne geben. Wenn die Zwiebeln glasig sind, die Tomaten dazugeben. Aufkochen lassen, die Bohnen und das Lorbeerblatt hinzufügen und mit Weinbrand ablöschen. Mit Brühe auffüllen; salzen und pfeffern. 15 bis 20 Min. bei schwacher Hitze köcheln. Die Blutwurst in dicke Scheiben schneiden und unter das Gemüse geben.

Gefüllte Artischocken ***

Alcachofas rellenas

8 große Artischocken
1 kleine Zitrone
400 g Hackfleisch
½ Bund Petersilie
½ Bund Majoran
1 Ei
Salz, Pfeffer
100 g Mehl

¼ l Olivenöl
2 Zwiebeln
1 EL Schweineschmalz
3 Tomaten
1 Knoblauchzehe
⅛ l Milch
1 Lorbeerblatt
⅛ l trockener Weißwein

Die Stiele der Artischocken knapp unter der Blüte abschneiden und von den äußeren, harten Blättern befreien. Die verbliebenen Blattspitzen um ein Drittel ihrer Länge kürzen. Die Artischocken waschen, abtropfen lassen. Die Zitrone aufschneiden und Artischocken damit abreiben.

Inzwischen Wasser in einem großen Topf zum Kochen bringen. Die Artischocken mit dem Stielansatz nach unten ins kochende Wasser legen. Nach 20 Min. den Topf vom Herd stellen, die Artischocken herausnehmen und abkühlen lassen. Die Blätter der Artischocken auseinanderbiegen und das »Heu« in der Mitte entfernen.

Das Hackfleisch mit den feingewiegten frischen Kräutern und dem Ei vermengen. Mit Salz und Pfeffer würzen.

Die Fleischfüllung in die Mitte der Artischocken geben und kopfüber in das Mehl drücken.

Olivenöl in einer Pfanne erhitzen und die Artischocken kurz darin fritieren, mit Küchenpapier abtupfen und in eine flache Kasserolle legen.

Die Zwiebeln fein hacken und in Schmalz anbraten. Die Tomaten überbrühen, häuten, den Stielansatz entfernen und die Tomaten kleinschneiden. Den Knoblauch mit dem Wiegemesser hacken. Knoblauch und Tomaten zu den Zwiebeln in die Pfanne geben und einkochen lassen, zum Schluß die Milch dazugeben. Umrühren und über die Artischocken geben. Das Lorbeerblatt obenauf legen und das Ganze zugedeckt bei kleiner Flamme etwas einkochen lassen. Mit Wein verfeinern und so lange köcheln, bis die Flüssigkeit auf die Hälfte reduziert ist.

Gefüllte Tomaten ***

Tomates rellenos

12 Fleischtomaten
1 Prise Zucker
2 Zwiebeln
4 Knoblauchzehen
1 Bund Basilikum
250 g Manchego-Käse
250 g Semmelbrösel
1 Schuß Sherry
Salz
Olivenöl

Den Backofen auf 175 ° C vorheizen. Die Tomaten waschen, die Stielenden entfernen und die Tomaten vorsichtig mit einem Löffel aushöhlen. Das Tomatenfleisch mit einer Gabel zerdrücken. Eine Prise Zucker dazugeben, um den Tomaten die Säure zu nehmen.

Zwiebeln, Knoblauch und Basilikum mit dem Wiegemesser zerkleinern. Den Manchego fein reiben. Semmelbrösel, geriebenen Käse und Basilikum mit dem Tomatenfleisch vermischen, einen Schuß Sherry dazugeben und mit Salz abschmecken.

Olivenöl in einer Pfanne erhitzen und Zwiebeln und Knoblauch scharf darin anbraten; mit den restlichen Zutaten der Füllung mischen. Die Masse sollte trocken sein; sonst noch mehr Semmelbrösel dazugeben.

Ein Backblech einölen, die Füllung in die Tomaten geben und auf das Backblech setzen und 15 Min. im Ofen überbacken.

Gemüsepfanne nach Art der Mancha **

Pisto manchego

2 grüne Paprikaschoten
2 rote Paprikaschoten
½ kg Zucchini
2 Auberginen
200 g Tomaten
1 Zwiebel
2 Knoblauchzehen
2 EL Schweineschmalz
Pfeffer
Salz
1 Bund Petersilie
1 Zitrone

Gemüse waschen. Paprikaschoten aufschneiden, Kerne und Stielenden entfernen und in kleine Streifen schneiden. Zucchini und Auberginen in Würfel schneiden. Tomaten überbrühen, häuten, Stielenden entfernen und Tomaten mit der Gabel zerdrücken. Zwiebeln und Knoblauch mit dem Wiegemesser zerkleinern. Schweineschmalz in einer Pfanne erhitzen und Knoblauch und Zwiebeln andünsten, dann Paprika, Auberginen und Zucchini dazugeben, mit Pfeffer und Salz abschmecken. Petersilie fein hacken und den Saft der Zitrone auspressen. Kurz bevor das Gemüse gar ist, die Tomaten dazugeben, den Zitronensaft über die Gemüsepfanne gießen und mit Petersilie bestreuen. Heiß servieren.

Gemüsepfanne mit Kichererbsen ***

Verdura a la sartén con garbanzos

300 g getrocknete Kichererbsen
2 grüne Paprikaschoten
2 rote Paprikaschoten
500 g Zucchini
1 kleiner Blumenkohl
2 Zwiebeln
2 Knoblauchzehen
1 Bund Koriandergrün
250 g Speck
Olivenöl
Salz, Pfeffer
1 EL Curry
Saft von zwei Zitronen

Die Kichererbsen über Nacht in Wasser einweichen. Einen Topf mit gesalzenem Wasser aufsetzen und die Kichererbsen darin garkochen (60 Min.).

Das Gemüse waschen. Die Paprikaschoten waschen, Kerne und Stielenden entfernen und in kleine Streifen schneiden. Die Zucchini würfeln. Den Blumenkohl in kleine Röschen teilen, kurz blanchieren, um ihm den strengen Geschmack zu nehmen, und abkühlen lassen.

Zwiebeln und Knoblauch hacken. Das Koriandergrün mit dem Wiegemesser zerkleinern. Den Speck in Würfel schneiden. Olivenöl in einer Pfanne erhitzen, Knoblauch, Zwiebeln und Speck glasig dünsten und die Kichererbsen mit anbraten. Mit Salz, Pfeffer und Curry würzen. Aus der Pfanne nehmen und beiseite stellen. Im selben Öl Paprika, Zucchini und Blumenkohl dünsten. Mit Salz abschmecken. Bevor das Gemüse gar ist, den Koriander und Zitronensaft dazugeben. Die restlichen Zutaten unter das Gemüse mischen und heiß servieren.

TIP: Den Speck kann man durch Hühnerbrust ersetzen.

Kartoffeln mit grünen Bohnen **

Patatas con judías

¼ l Fleischbrühe (s. S. 62)
500 g Kartoffeln
500 g grüne Bohnen
1 Tomate
Olivenöl
Salz, Pfeffer
4 Knoblauchzehen

Die Kartoffeln schälen, waschen und in grobe Stücke schneiden. Die grünen Bohnen putzen und kleinschneiden. Die Tomate überbrühen, häuten, den Stielansatz entfernen und die Tomate mit der Gabel zerdrücken.

Olivenöl in einer Pfanne erhitzen und das Gemüse darin unter Wenden anbraten. Mit der Fleischbrühe aufgießen, mit Salz und Pfeffer würzen und das Gemüse garen. Den Knoblauch in Scheiben schneiden. Olivenöl in einer kleinen Pfanne erhitzen, Knoblauch darin goldbraun braten. Das Gemüse auf die Teller verteilen und das mit Knoblauch aromatisierte Olivenöl darübergeben.

TIP: Dieses Rezept kann auf die gleiche Weise mit anderen Gemüsesorten zubereitet werden. Anstelle von Bohnen zum Beispiel Artischocken, Blumenkohl, dicke Bohnen, Brokkoli, Erbsen, Fenchel, Mangold, Paprikaschoten, Rosenkohl, Spinat, Porree, Mohrrüben oder Zucchini verwenden.

Kartoffeln mit Käsesauce **

Patatas con salsa de cabrales

1 kg Kartoffeln
Olivenöl
1 Zwiebel
150 g Speck
½ l Milch
2 EL Butter
2 EL Mehl
250 g Cabrales (roquefort-ähnlicher Käse aus den Picos de Europa)
Salz, Pfeffer

Die Kartoffeln schälen, waschen und in grobe Stücke schneiden.

Den Backofen auf 220 ° C vorheizen. Eine Kasserolle mit Olivenöl einfetten, die Kartoffeln hineingeben und 30 Min. im Ofen backen.

Inzwischen die Zwiebel mit dem Wiegemesser zerkleinern und den Speck in Würfel schneiden. Die Milch in einem Topf aufkochen. Butter in einer Pfanne erhitzen, Zwiebel und Speck darin anbraten, das Mehl darunterrühren; wenn es hellgelb ist, die kochendheiße Milch zugießen, den Cabrales ebenfalls einrühren. Mit Salz und Pfeffer abschmecken.

Die Käse-Béchamelsauce über die Kartoffeln geben. Weitere 5 Min. im Ofen überbacken.

KARTOFFELN IM TOMATENHEMD **

Patatas en camisa con tomate

1 kg Kartoffeln
1 ½ kg Tomaten
1 Zwiebel
4 Knoblauchzehen
1 Prise Zucker
Salz
3 Eier
100 g Mehl
Olivenöl
½ Bund Petersilie
100 g Semmelbrösel

Die Kartoffeln schälen, waschen und in dicke Scheiben schneiden. Die Tomaten überbrühen, häuten, Stielenden entfernen, mit einer Gabel zerdrücken und durch ein Sieb passieren. Zwiebel und Knoblauch hacken. Olivenöl in einer Pfanne erhitzen, Zwiebel und Knoblauch darin scharf anbraten. Die Tomaten dazugeben, zuckern und salzen. Die Tomatensauce garen, bis sie eingedickt ist.

Die Eier in einem Teller mit einer Gabel verschlagen und salzen. Mehl auf einen weiteren Teller geben. Die Kartoffeln erst in Mehl, dann im Ei wenden. Olivenöl in einer Pfanne erhitzen und die Kartoffeln darin schmoren.

Die Petersilie mit dem Wiegemesser zerkleinern und unter die Tomatensauce rühren.

Den Backofen auf 220 ° C vorheizen. Eine Kasserolle einfetten, mit einer Schicht Kartoffeln auslegen, mit Tomatensauce bedecken, Semmelbrösel darüberstreuen, eine weitere Schicht Kartoffeln darübergeben, wieder mit Tomatensauce bedecken und mit Semmelbröseln bestreuen. So verfahren, bis alle Zutaten verarbeitet sind. Die Kasserolle mit verschlossenem Deckel in den Ofen geben und die Kartoffeln noch 10 Min. backen.

Panierter Fenchel *

Hinojo rebozado

500 g junge Fenchelstengel (ersatzweise Fenchelknolle)
2 Eier
Salz
50 g Mehl
100 g Semmelbrösel
Olivenöl
4 EL Fenchelkraut

Einen Topf mit Wasser zum Kochen bringen. Den Fenchel waschen und die Stengel vorsichtig voneinander lösen. Blanchieren, nach 2 Min. aus dem Wasser nehmen, abtropfen und trocknen lassen. Die Eier auf einem Teller mit einer Gabel verschlagen und salzen. Auf zwei weitere Teller Mehl und Semmelbrösel geben. Den Fenchel zuerst in Mehl, anschließend in Ei und zum Schluß in Semmelbröseln wenden.

Olivenöl in einer Pfanne erhitzen und das Gemüse darin ausbacken. Auf Küchenpapier abtropfen lassen. Mit feingewiegtem Fenchelkraut bestreut servieren.

MAUREN UND CHRISTEN **

Moros y Cristianos

In Spanien werden pro Jahr rund 150 Kampfspiele veranstaltet, die an vergangene Glaubenskriege zwischen Mauren und Christen erinnern. Kein Wunder also, daß es in Vàlencia ein Gericht mit dem gleichen Namen gibt. In diesem symbolträchtigen Gericht wird den schwarzen Bohnen ein weißer Turban aus Reis aufgesetzt.

250 g getrocknete schwarze Bohnen
1 Zwiebel
Salz, Pfeffer
1 Lorbeerblatt
2 Knoblauchzehen
100 g Serrano-Schinken
Olivenöl
1 EL Mehl
1 EL Paprikapulver
200 g Rundkornreis
1 Schuß trockener Weißwein

Die Bohnen über Nacht in Wasser einweichen. Am nächsten Tag das Bohnenwasser abgießen und die Hülsenfrüchte mit einer halben Zwiebel, Salz, Pfeffer und Lorbeerblatt in einen Topf geben; mit 1½ l Wasser aufgießen und 45 Min. köcheln lassen.

Die andere Hälfte der Zwiebel, Knoblauch und Schinken kleinschneiden. Olivenöl in einer Pfanne erhitzen und Knoblauch, Zwiebeln und Schinken darin anbraten. Mehl und Paprikapulver darüberstreuen, gut umrühren und zu den Bohnen ins Wasser geben. In einem weiteren Topf etwas Olivenöl erhitzen, den Reis kurz anbraten, mit einem Schuß Weißwein ablöschen, salzen und garkochen. Die Bohnen auf einer Vorlegeplatte anrichten. Den Reis in eine gefettete Schale geben, festdrücken und auf die Bohnen stürzen.

Salvador Tavora

Regisseur. Direktor der Theater-Truppe ›La Cuadra de Sevilla‹
Jahrgang 1943
Geboren in Sevilla

Wenn Sie zwei Wochen lang jeden Tag das gleiche essen müßten, wofür würden Sie sich entscheiden?
Für geröstetes Brot mit Olivenöl und Knoblauch, Salat, Reis mit Venusmuscheln und Früchte.

Auf welchen kulinarischen Luxus können Sie mühelos verzichten?
Kaviar und Mineralwasser.

Was war Ihre Leibspeise in der Kindheit?
Bratkartoffeln mit Chorizo (Paprikawurst).

Was sind für Ihr Gefühl die drei Grundbestandteile der ursprünglichen spanischen Küche?
Eier, Kartoffeln und Fisch.

Hätten Sie nur eine ganz schmale Rente: Wovon würden Sie sich vor allem ernähren?
Geröstetes Brot mit Olivenöl, gebratener Fisch mit Radieschen.

Sinnlose Verschwendung: Woran denken Sie da im Bereich Essen und Trinken?
Kapriziöse Gerichte und Getränke, die nur das Ergebnis ambitionierter Genußsucht sind.

Welches ist für Sie das beste klassische Gericht Ihrer Heimat?
Gazpacho.

Was ist der schlimmste gastronomische Brauch des 20. Jahrhunderts?
Hamburger, serviert in kaltem, unpersönlichem Ambiente.

Bei welchem Essensduft werden Sie schwach?
Stockfisch in Tomatensauce.

Sie bereiten ein Liebesmenü für zwei, das sich auch ein Student oder Lehrling leisten könnte. Was gibt es zu essen, was gibt es zu trinken?
Salat mit Zitronensaft, Spiegeleier mit Bratkartoffeln und Äpfeln, dazu Rotwein aus der Rioja.

Wenn Sie in Spanien authentisch, einfach, gut und preiswert essen wollen. Wo gehen Sie hin?
In die ›Casa Robles‹ in Sevilla.

Spinat mit Rosinen und Pinienkernen **

Espinacs amb panses i pinyons

1 ½ kg Blattspinat
4 Knoblauchzehen
100 g Serrano-Schinken
Olivenöl
100 g Rosinen
100 g Pinienkerne
Salz, Pfeffer

Vom Spinat die groben Stiele entfernen, die Blätter in kaltem Salzwasser waschen und in kochendem Salzwasser blanchieren; abtropfen lassen. Knoblauch hacken und Schinken würfeln. Olivenöl in einer Pfanne erhitzen. Knoblauch, Schinken, Rosinen und Pinienkerne kurz anbraten, den Spinat dazugeben und gut mit den übrigen Zutaten vermischen. Mit Salz und Pfeffer würzen und unter ständigem Wenden weitere 5 Min. schmoren.

Überbackene Auberginen ***

Berenjenas al horno

8 kleine Auberginen
1 Zitrone
3 Zwiebeln
3 Knoblauchzehen
1 Bund frische Pfefferminze
Salz, Pfeffer
1 EL Zimt
1 TL Kreuzkümmel
250 g Manchego-Käse
4 Eier
6 EL Semmelbrösel

Den Backofen auf 175 ° C vorheizen. Die Auberginen waschen und in einem Topf mit Zitronenwasser kurz blanchieren. Im Topf abkühlen lassen und der Länge nach halbieren. Das Fruchtfleisch mit einem Löffel herauskratzen und kleinschneiden.

Zwiebeln, Knoblauch und Pfefferminze mit dem Wiegemesser zerkleinern. Olivenöl in einer Pfanne erhitzen. Zwiebeln und Knoblauch scharf anbraten; das Auberginenfleisch dazugeben, mit Salz, Pfeffer, Zimt, Kreuzkümmel und Pfefferminze würzen und fertiggaren.

Inzwischen den Manchego reiben und beiseitestellen. Die Eier auf einem Teller mit einer Gabel verschlagen, die Semmelbrösel und die Hälfte des geriebenen Käses dazugeben. Die Eier gründlich mit dem Pfanneninhalt vermischen.

Ein Backblech einölen. Die Füllung in die Auberginenschale geben, mit dem restlichen Käse bestreuen. Auf das Backblech setzen und 20 Min. im Ofen überbacken.

Überbackene Zucchini ***

Calabacines al horno

8 kleine Zucchini
1 Bund frisches Koriandergrün
2 Eier
4 EL Semmelbrösel
Salz, Pfeffer
1 TL Kreuzkümmel
500 g Hackfleisch
3 Zwiebeln
3 Knoblauchzehen
Olivenöl
100 g Manchego-Käse

Den Backofen auf 175 ° C vorheizen. Die Zucchini waschen und in einem Topf mit Wasser blanchieren. Im Topf abkühlen lassen und der Länge nach halbieren. Das Fruchtfleisch mit einem Löffel herauskratzen und kleinschneiden. Das Koriandergrün mit dem Wiegemesser zerkleinern.

Die Eier auf einem Teller mit einer Gabel verschlagen, Semmelbrösel, Salz, Pfeffer, Kreuzkümmel und Koriander dazugeben und gut mit dem Hackfleisch vermischen.

Zwiebeln und Knoblauch hacken. Olivenöl in einer Pfanne erhitzen und darin Zwiebeln und Knoblauch scharf anbraten, das Zucchinifleisch und das Hackfleisch dazugeben. Unter ständigem Rühren fertig braten.

Den Manchego reiben und beiseitestellen.

Ein Backblech einölen. Die Füllung in die Zucchini geben und mit dem geriebenen Käse bestreuen. Auf das Backblech setzen und 20 Min. im Ofen überbacken.

Gebratene Sardellen *

Boquerones fritos

Die besten gebratenen Sardellen bekommt man im Boquería-Markt von Barcelona in Pinochos Bar. Hier sein Rezept:

500 g frische Sardellen (Heringsart)
Salz, Pfeffer
6 EL Mehl
Olivenöl
2 Zitronen

Köpfe und Eingeweide der Sardellen entfernen, die Fische waschen und mit Küchenkrepp abtupfen. Mit Salz und Pfeffer würzen, kurz ziehen lassen und in Mehl wälzen.

Olivenöl in der Pfanne erhitzen. Wenn es zu rauchen beginnt, die Sardellen nebeneinander ins Öl legen. Darauf achten, daß die Fische nicht übereinander liegen. Wenden, goldbraun braten, mit dem Schaumlöffel herausheben und auf Küchenkrepp abtropfen lassen. Mit Zitronenachteln servieren.

Gefüllter Tintenfisch ***

Calamares rellenos

½ l Fischbrühe (s. S. 62)
4 Tintenfische à 250 g (calamares)
4 Scheiben Weißbrot
Olivenöl
4 Zwiebeln
4 Knoblauchzehen
4 Porreestangen
4 Mohrrüben
4 Eier
½ Bund Petersilie
Salz, Pfeffer

Die Calamares waschen und häuten. Die Tentakeln in die Hand nehmen und aus dem Rumpf ziehen. So abschneiden (knapp über den Augen), daß sie durch einen schmalen Ring verbunden bleiben. Tentakeln in der Mitte von unten greifen, die Kauwerkzeuge herausdrücken und entfernen. Tentakeln und Rumpf waschen. Die Flossen vom Rumpf ziehen und für die Füllung beiseitelegen.

Die Weißbrotscheiben entrinden und in kleine Würfel schneiden. Olivenöl in einer Pfanne erhitzen und die Brotwürfel unter ständigem Wenden anrösten. Auf Küchenpapier abtropfen lassen.

Zwiebeln und Knoblauchzehen fein hacken. Porree und Mohrrüben putzen und waschen. Das Gemüse kleinschneiden und in Olivenöl in einer Kasserolle anbraten. Mit Fischbrühe auffüllen und so lange auf kleiner Flamme köcheln, bis das Gemüse die Brühe aufgenommen hat.

Währenddessen Flossen und Tentakeln in kleine Stücke schneiden. Olivenöl in einer Pfanne erhitzen und die Tintenfischstückchen scharf anbraten. Den Backofen auf 220 ° C vorheizen.

Die Brotwürfel und die gebratenen Flossen und Tentakeln unter das Gemüse mischen. Die Petersilie mit dem Wiegemesser fein hacken. Eier und Petersilie mit einer Gabel auf einem Teller verschlagen und ebenfalls unter das Gemüse heben. Mit Salz und Peffer abschmecken.

Die Tintenfischrümpfe vorsichtig mit dem Gemüsebrei füllen und mit einem Zahnstocher verschließen. Die gefüllten Tintenfische in eine eingeölte Kasserolle geben, kurz anbraten und 20 Min. im Ofen backen.

Gefüllter Zackenbarsch ***

Mero relleno

1 kg Zackenbarsch
⅛ l Sherry
Pfeffer, frisch gemahlen
2 Tomaten
3 Eier
2 Zwiebeln
2 Knoblauchzehen
250 g Mangold
300 g roher Schinken
1 Bund Petersilie
100 g mallorquinische Rohwurst (Sobrasada)
1 EL Zimt
Salz, Pfeffer
⅛ l Olivenöl
500 g Pellkartoffeln
150 g Mayonnaise

Den Fisch schuppen, ausnehmen, waschen, längs halbieren und vorsichtig entgräten. Fisch in eine Schüssel geben, mit der Hälfte des Sherrys beizen und mit Pfeffer bestreuen.

Die Tomaten überbrühen, häuten und mit einer Gabel zerdrücken. Die Eier hartkochen. Zwiebeln und Knoblauch kleinhacken und getrennt beiseitestellen. Den Mangold waschen und kleinschneiden. Die Eier und den Schinken fein würfeln. Die Petersilie mit dem Wiegemesser zerkleinern.

Die Sobrasada kleinschneiden. Mit Knoblauch, Schinken, Mangold, Petersilie und dem Ei in eine Schüssel geben. Mit Zimt, Salz und Pfeffer würzen, einen Schuß Sherry beigeben und gut vermischen. Die Füllung beiseitestellen.

Den Fisch in einer Kasserolle auf Tomaten und Zwiebeln betten, mit etwas Olivenöl beträufeln und 10 Min. im Backofen angaren. Die Kartoffeln in feine Scheiben schneiden, auf ein eingeöltes Backblech legen und mit Salz bestreuen. Im Ofen als Beilage knusprig backen. Bevor der Fisch fertiggegart ist, die Kasserolle aus dem Ofen nehmen, den Fisch mit dem restlichen Sherry benetzen und die Füllung auf die beiden Fischhälften verteilen, mit Mayonnaise bedecken und im Ofen goldbraun backen.

Kabeljau nach Art von Celia **

Bacalao O'Celia

Wenn in Galizien, dem grünen Nordwestzipfel Spaniens, die Regengüsse Einzug halten und der Sturm von der Atlantikküste den Sommer vertreibt, dann tischen die einheimischen Köche den herzhaft zubereiteten Bacalao auf. Jeder hat seine eigene Variante. Hier die von Celia aus Lugo.

16 Knoblauchzehen
200 g entkernte schwarze Oliven
Olivenöl
4 Kartoffeln
4 Zwiebeln
500 g Kabeljau
Salz
Pfeffer
1 Lorbeerblatt

Den Knoblauch und die Oliven fein hacken. Mit reichlich Olivenöl und Salz zu einer herzhaften Sauce verarbeiten und beiseitestellen.

Die Kartoffeln schälen und in Würfel schneiden. Die Zwiebeln grob hacken und mit den Kartoffeln in einen Topf geben. Den Kabeljau darauflegen und mit der Sauce bedecken. Mit Pfeffer und Salz würzen. Nach Belieben ein Lorbeerblatt dazugeben und auf kleiner Flamme eine gute halbe Stunde garen.

Sardinen, nach Art der Armen gefüllt **

Sardinas rellenas a lo pobre

12 frische mittelgroße Sardinen
1 Zwiebel
3 Knoblauchzehen
Petersilie
Olivenöl
50 g Semmelbrösel
1 Ei
6 EL Mehl

Die Sardinen vorsichtig ausnehmen (darauf achten, daß der Fischkörper ganz bleibt, denn er soll ja gefüllt werden) und unter kaltem Wasser waschen. Abtropfen lassen und salzen.

Zwiebel, Knoblauch und Petersilie hacken. Olivenöl in einer Pfanne erhitzen, Zwiebel und Knoblauch darin goldbraun braten; die Semmelbrösel unterrühren. Das Ei in einem Teller aufschlagen, mit der Petersilie vermengen und in die Pfanne geben. Gut vermischen und mit Salz abschmecken.

Die Füllung in die Sardinen geben und die Fische in Mehl wenden. Die gefüllten Sardinen in heißem Fett fritieren.

TIP: In Asturien werden die Sardinen wie oben beschrieben zubereitet, anschließend in eine Kasserolle gelegt und in Weiß- oder Apfelwein gedünstet. Die Fische köcheln bei niedriger Temperatur, bis der Wein verdunstet ist.

KATALANISCHE FISCHSUPPE ***

Suquet de peix

Eine Spezialität: Die katalanische Variante der mediterranen Fischsuppe.

1 kg Fisch (je nach Angebot, Seeteufel, Seehecht, kleiner roter Drachenkopf (Escorpina))
1 EL Paprikapulver
4 EL Tomatenmark
1 Zwiebel
2 Champignons
Olivenöl
6 Knoblauchzehen
1 grüne Paprikaschote
1 rote Paprikaschote
500 g Tomaten
Prise Zucker
Salz
Pfeffer
1 kg Kartoffeln
2 Knoblauchzehen
20 g Mandeln
frische Petersilie

Fisch säubern und waschen.

Für die Fischbrühe Fischabfälle in einer Pfanne mit Paprika-

pulver und 4 EL Tomatenmark andünsten, mit 1½ l Wasser löschen und mit einer gehackten Zwiebel und zwei kleingeschnittenen Champignons durchkochen lassen (vgl. S. 62, Fischbrühe).

Olivenöl in einer Kasserolle erhitzen. Knoblauchzehen in Öl anrösten und die in Streifen geschnittenen Paprikaschoten hinzufügen und goldbraun braten. Tomaten überbrühen, häuten, entkernen und von den Stielenden befreien. Tomaten mit einer Gabel zerdrücken und in die Pfanne geben. Eine Prise Zucker beigeben und das Gemüse mit Salz und Pfeffer würzen. Kartoffeln schälen, in mitteldicke Scheiben schneiden und ebenfalls in der Kasserolle mitdünsten lassen. Zum Schluß den Fisch dazugeben. Deckel auf die Pfanne setzen und 20 Min. auf kleiner Flamme köcheln lassen.

Knoblauch, Mandeln und Petersilie feingewiegt in den Mörser geben und eine Paste herstellen. Die Fischbrühe abseihen, die würzige Paste in die Brühe geben und über Gemüse und Fisch gießen. Das Suquet de peix abschmecken und 5 Min. köcheln lassen. Heiß servieren.

SEEHECHT NACH ART DER RIOJA ***

Merluza a la riojana

1 kg rote Paprikaschoten
Olivenöl
1 kg Seehechtfilet
Saft einer Zitrone
25 g Butter
Salz
2 EL Olivenöl
2 Knoblauchzehen

Den Backofen auf 175 ° C vorheizen.

Die Paprikaschoten auf ein eingeöltes Backblech legen und so lange im Ofen grillen, bis die Haut schwarz ist. Aus dem Ofen nehmen und abkühlen lassen. Die verbrannte Haut abziehen. Die Paprikaschoten aufschneiden, Kerne und Stielenden entfernen und der Länge nach in dünne Streifen schneiden.

Die Seehechtfilets in eine Auflaufform legen und mit Zitronensaft beträufeln. Die Butter in Flöckchen darübergeben und mit Salz bestreuen. 20 Min. bei 190 ° C im Backofen garen.

Inzwischen Olivenöl in einer Pfanne erhitzen und darin die Paprikaschoten mit den ganzen ungeschälten Knoblauchzehen braten. Wenn die Knoblauchzehen angeröstet sind, das Öl abgießen. Den Knoblauch schälen, mit dem Paprika pürieren. Das Paprikapüree auf eine Vorlegeplatte geben, den Fisch darauflegen und heiß servieren.

Seehecht in grüner Sauce ***

Merluza en salsa verde

Die grüne Sauce wird im Baskenland zu fast allen Fischgerichten serviert.

¼ l Fischbrühe (s. S. 62)
4 EL Mehl
4 Seehechtfiltes à 200 g
4 Knoblauchzehen
Olivenöl
Salz
½ Bund Petersilie
2 Eier

Den Backofen auf 175 ° C vorheizen.

Mehl auf einen Teller geben, die Seehechtfilets darin wälzen und beiseitelegen. Den Knoblauch fein hacken. Olivenöl in einer Kasserolle erhitzen und den Knoblauch darin anbraten. Den Fisch in die Kasserolle legen und 10 Min. im Ofen garen.

Inzwischen die Petersilie hacken, in die Brühe geben und mit Salz abschmecken. Den Fisch damit begießen. Die Eier hartkochen, abkühlen lassen und hacken. Wenn der Fisch gar und die Sauce eingedickt ist, mit Ei bestreuen und servieren.

Stockfisch nach Art von Bilbao ***

Bacalao al pil-pil

Die wohl einfachste Art, den Stockfisch zuzubereiten, kommt aus dem Baskenland. Das Wort Pil-pil kommt von »pilpilpear«, spanisch für »brutzeln«. Das Rezept stammt von Txomin Rekondo, dessen Restaurant sich in einer ehemaligen Apfelweinfabrik in San Sebastián befindet.

1 kg Stockfisch
Olivenöl
1 Chilischote (guindilla)
8 Knoblauchzehen

Den Stockfisch 36 Std. in kaltem Wasser entsalzen, dabei dreimal das Wasser wechseln. Den Fisch mit Küchenpapier abtupfen, mit einem scharfen Messer entschuppen und entgräten, dabei aufpassen, daß die Haut nicht verletzt wird. Den Fisch in grobe Stücke schneiden.

Den Knoblauch in feine Scheiben schneiden. Olivenöl in einer Pfanne erhitzen und den Knoblauch darin anbraten. Die Chilischote dazugeben. Chilischote und Knoblauch mit der Schaumkelle wieder aus dem Öl fischen und beiseitestellen. Den Stockfisch mit der Haut nach unten in die Pfanne legen und bei mäßiger Hitze von beiden Seiten goldbraun braten. Den Stockfisch vor dem Servieren mit dem Knoblauch garnieren.

STOCKFISCH IN HONIG ***

Bacalao a la miel

In Spanien gibt es unzählige Stockfischvarianten. Hier eine ausgefallene Spezialität.

4 Stockfischfilets à 200 g
50 g Mehl
1 TL Backpulver
Salz
1 Ei
4 El Honig
½ l Olivenöl
4 Endivien
Honig- oder Weißweinessig

Den Stockfisch 36 Std. in kaltem Wasser entsalzen, dabei dreimal das Wasser wechseln. Den Fisch mit Küchenpapier abtupfen, mit einem scharfen Messer entschuppen und entgräten. In drei bis vier Zentimeter breite Würfel schneiden.

In einer flachen Schüssel Mehl, Backpulver und eine Prise Salz mischen. In einer anderen Schüssel das Ei, 1 TL Honig und ⅛ l Wasser verschlagen. Den Inhalt beider Schüsseln mit dem Mixer zu einem Teig verarbeiten. Den Fisch darin wenden.

In einem Schälchen 1 TL Honig und ¼ l heißes Wasser verrühren und beiseitestellen.

Olivenöl in eine Pfanne geben und die Stockfischwürfel darin fritieren. Wenn sie goldbraun sind, herausnehmen und auf Küchenpapier abtropfen lassen.

Die Endivien waschen, kleinschneiden und auf den Tellern anrichten, mit Salz und Essig abschmecken. Den Fisch darauflegen und mit dem Honigwasser benetzen.

Thunfisch nach Art der Fischer **

Marmitako

Ein Gericht der baskischen Fischer. Der Name Marmitako kommt von »Marmita«, dem bauchigen Kochtopf, den die Fischer früher auf ihren Booten hatten.

1 kg Kartoffeln
1 Lorbeerblatt
Salz
2 Tomaten
2 große Zwiebeln
2 Knoblauchzehen
Olivenöl
1 TL Paprikapulver
1 Chilischote (guindilla)
600 g frischer Thunfisch

Die Kartoffeln schälen, in große Würfel schneiden, mit dem Lorbeerblatt in einen Topf geben. Die Kartoffeln mit Salzwasser bedecken und garen lassen. DieTomaten überbrühen, häuten, die Stielenden entfernen und die Tomaten mit einer Gabel zerdrücken. Zwiebeln und Knoblauch fein hacken. Olivenöl in einer Pfanne erhitzen. Zwiebeln und Knoblauch darin goldbraun braten. Tomaten, Paprikapulver und die Guindilla hinzufügen. Letztere nur wenige Min. in einer Pfanne lassen und dann entfernen. Tomaten einkochen lassen, über die Kartoffeln geben und köcheln lassen.

Den Thunfisch säubern, entgräten, in gleichmäßige Stücke schneiden und salzen.

Kurz bevor die Kartoffeln gar sind, den Fisch in den Topf geben und weitere 10 Min. köcheln lassen.

Tintenfische in eigener Tinte ***

Sepia en su tinta

Juan – von dem das Rezept stammt – erzählte, daß dieses Gericht im Baskenland ohne Beilage serviert wird. Rundkornreis eignet sich aber trotzdem hervorragend als Begleiter dieser raffinierten Köstlichkeit.

1 kg kleine Tintenfische (sepias)
1 ½ kg Tomaten
1 TL Zucker
1 Lorbeerblatt
2 Zwiebeln
2 Knoblauchzehen
Salz, Pfeffer
1 Schuß trockener Weißwein

Die Tintenfische gründlich waschen, die Haut vorsichtig abziehen. Den Kopf mit Fangarmen abschneiden. Die Sepiaschale aus dem Körper herausheben. Am unteren Ende des Körpers liegt der dunkle Tintenbeutel. Vorsichtig erst die Eingeweide, dann den Tintenbeutel herauslösen und letzteren beiseitelegen.

Die Tinte aus den Beuteln herausdrücken und in einem Gefäß zur weiteren Verarbeitung auffangen. Sie würzt und bindet später die Marinade. Die Arme vom Kopf trennen, und zwar so, daß sie durch einen dünnen Fleischring verbunden bleiben. Tentakeln und den sackförmigen Körper der Länge nach in dünne Streifen schneiden.

Die Tomaten überbrühen, häuten, halbieren, die Stielansätze entfernen und die Tomaten im Mixer pürieren. Einen Teelöffel Zucker beigeben, um ihnen den sauren Geschmack zu nehmen, mit Salz abschmecken.

Eine Knoblauchzehe und eine Zwiebel hacken und in einer Pfanne in Olivenöl braten, die pürierten Tomaten und das

Lorbeerblatt dazugeben und 10 Min. bei starker Hitze einkochen. Mit Salz und Pfeffer abschmecken und das Lorbeerblatt wieder herausnehmen.

Eine Zwiebel und eine Knoblauchzehe fein hacken. Ein wenig Olivenöl in einem großen Topf erhitzen. Zwiebel und Knoblauch darin glasig braten. Die Tintenfische dazugeben und unter Wenden im aromatisierten Öl schwenken. Wenn die Tintenfische von allen Seiten leicht gebräunt sind, die Tomatensauce dazugeben.

Sobald sie kocht, den Weißwein hinzufügen. Bei schwacher Hitze reduzieren und 45 Min. köcheln.

Bevor das Gericht serviert wird, die Tinte in die Pfanne geben, gut umrühren und 3 Min. mitkochen lassen.

ANDALUSISCHES RINDSRAGOUT ***

Estofado andaluz

1 kg Rindfleisch
1 grüne Paprikaschote
3 Tomaten
2 Zwiebeln
3 Mohrrüben
Olivenöl
1 Knoblauchknolle
⅛ l trockener Weißwein
Salz, Pfeffer
10 Safrannarben (oder 1 TL Safranpulver)
1 EL Zimt
1 Lorbeerblatt
500 g Kartoffeln
1 Bund Petersilie

Das Fleisch in große Würfel schneiden. Die Paprikaschote aufschneiden, Kerne, Rippen und Stielansatz entfernen und in Streifen schneiden. Die Tomaten überbrühen, häuten, die Stielansätze entfernen und die Tomaten kleinschneiden. Die Zwiebeln hacken. Mohrrüben putzen und in feine Scheiben schneiden. Olivenöl in einer Kasserolle erhitzen. Fleisch und Zwiebeln darin anbraten. Die ganze Knoblauchknolle in den Topf geben und mitbraten. Das restliche Gemüse dazugeben, anschmoren und mit Weißwein ablöschen. Mit Salz, Pfeffer, Safran, Zimt und Lorbeerblatt würzen. Mit ¼ l Wasser aufgießen und zugedeckt bei schwacher Hitze 45 Min. kochen.

Inzwischen die Kartoffeln schälen, waschen und in große Würfel schneiden. Die Knoblauchknolle herausfischen und den weichgekochten Knoblauch aus den Schalen in ein kleines Gefäß drücken. Mit einer Kelle Kochflüssigkeit zu Brei verrühren und zurück in die Kasserolle geben. Die Kartoffeln hineingeben und, falls nötig, mit Wasser auffüllen. Das Ragout weitere 30 Min. kochen. Die Petersilie mit dem Wiegemesser zerkleinern und zum Schluß unterrühren.

Geschmortes Kaninchen **

Conejo estofado

500 g Kartoffeln
3 Knoblauchzehen
2 Zwiebeln
4 Paprikaschoten
1 Kaninchen
Salz, Pfeffer
1 EL Paprikapulver
Olivenöl
1 Schuß trockener Weißwein
1 EL Thymian

Die Kartoffeln schälen, waschen, in kleine Würfel schneiden und beiseitestellen. Knoblauch und Zwiebeln fein hacken. Die Paprikaschoten waschen, aufschneiden, Kerne, Rippen und Stielansätze entfernen und hacken.

Das Kaninchen in acht Stücke zerteilen und mit Salz, Pfeffer und Paprikapulver einreiben.

Olivenöl in einer Kasserolle erhitzen und darin erst den Knoblauch, dann das Kaninchenfleisch anbraten. Die Kartoffeln dazugeben, salzen und das Ganze 30 Min. bei schwacher Hitze schmoren lassen.

Olivenöl in einer Pfanne erhitzen und darin Zwiebeln und Paprika anbraten. Mit einem Schuß Weißwein ablöschen und 5 Min. köcheln lassen. Das Gemüse vom Herd nehmen, im Mixer pürieren und abschmecken. Kurz bevor das Kaninchen gar ist, die Paprikasauce über Fleisch und Kartoffeln geben und mit Thymian würzen, weitere 10 Min. garen.

Hähnchen in Knoblauchsauce **

Pollo al ajillo

¼ l Hühnerbrühe (s. S. 64)
1 Knoblauchknolle
1 Bund Petersilie
1 Hähnchen
⅛ l Olivenöl
Salz, Pfeffer
⅛ l trockener Weißwein

Die Knoblauchzehen hacken. Die Petersilie mit dem Wiegemesser zerkleinern. Das Hähnchen in acht Teile zerlegen.

Das Olivenöl in einer Pfanne erhitzen und darin den Knoblauch anbraten, dann das Fleisch dazugeben, mit Salz und Pfeffer würzen. Wein und Hühnerbrühe dazugeben und 45 Min. bei schwacher Hitze köcheln lassen.

Wenn das Fleisch gar ist, mit der Petersilie bestreuen und noch 5 Min. kochen.

Hähnchen mit Paprika ***

Pollo al chilindron

Dieses Paprikahähnchen stammt aus Aragonien und ist wegen seiner würzigen Sauce in ganz Spanien berühmt.

2 Knoblauchzehen
1 Zwiebel
100 g Serrano-Schinken
3 Tomaten
3 rote Paprikaschoten
Salz
1 Hähnchen
4 EL Schmalz
Pfeffer
1 TL Paprikapulver
10 Safrannarben (oder 1 Msp. Safranpulver)
1 Lorbeerblatt

Knoblauch und Zwiebel schälen und fein hacken. Den Schinken in feine Streifen schneiden und beiseitelegen. Die Tomaten überbrühen, häuten, von den Stielansätzen befreien und zerkleinern. Die Paprikaschoten waschen, Kerne, Rippen und Stielenden entfernen und in feine Streifen schneiden. Das Hähnchen in acht Teile zerlegen und mit Salz einreiben.

2 EL Schmalz in einer Pfanne erhitzen und darin Knoblauch, Zwiebel und Schinken anbraten. Die Zutaten mit dem Schaumlöffel aus dem aromatisierten Schmalz entfernen und beiseitestellen. Das restliche Schmalz in die Pfanne geben und das Hähnchenfleisch darin unter beständigem Wenden goldbraun anrösten. Knoblauch, Zwiebel und Schinken in die Pfanne zurückgeben. Paprika und Tomaten hinzufügen. Das Ganze mit Salz, Pfeffer, Paprikapulver, Safran und einem Lorbeerblatt würzen. Bei schwacher Hitze 45 Min. schmoren.

Tip: Zu dieser aragonischen Spezialität empfiehlt sich ein vollmundiger Señorío de Lezán (Reserva 1988) als Getränk.

Hausgemachter Fleischkuchen ***

Pastel hogareño

300 g Hühnerfleisch
Salz, Pfeffer
1 TL Schweineschmalz
1 Tomate
250 g Champignons
1 grüne Paprikaschote
1 Zwiebel
2 Knoblauchzehen
1 Scheibe altbackenes Weißbrot
4 EL Olivenöl
2 tiefgefrorene Blätterteigscheiben
1 Eigelb

Den Backofen auf 175 ° C vorheizen.

Das Hühnerfleisch mit Salz und Pfeffer würzen, im zerlassenen Schweineschmalz wenden, in eine gefettete Kasserolle geben und 20 Min. im Ofen backen. Das Fleisch abkühlen lassen und in mundgerechte Stücke schneiden.

Die Tomate überbrühen, häuten, vom Stielende befreien und kleinschneiden. Die Champignons putzen und vierteln. Die Paprikaschote aufschneiden, Kerne, Rippen und Stielende entfernen, würfeln. Zwiebel und Knoblauchzehen hacken. Das Brot in Wasser einweichen, ausdrücken und zerkleinern.

Olivenöl in einer Pfanne erhitzen, das Gemüse darin anschmoren und mit Wein ablöschen. Das Huhn und das Brot dazugeben. Alle Zutaten gut vermischen und beiseitestellen.

Ein Backblech einfetten und eine Blätterteigscheibe darauf ausrollen. Mit einer Gabel den Teig mehrfach einstechen, damit er sich nicht wirft. 5 Min. im Ofen vorbacken. Die Gemüse-Fleisch-Füllung auf dem Blätterteig verteilen, die zweite Teigscheibe ausrollen und auf die Füllung legen. Mit einer Gabel mehrfach einstechen. Die Teigkanten einmal umschlagen und mit einer Gabel festdrücken. Das Eigelb verschlagen und den Teig damit bestreichen. 45 Min. im Ofen backen.

Kalbsragout nach Art von Cordoba ***

Ternera a la cordobesa

¼ l Fleischbrühe
1 kg Kalbfleisch
2 Zwiebeln
4 Knoblauchzehen
1 rote Paprikaschote
1 grüne Paprikaschote
4 Tomaten
250 g Erbsen
200 g entkernte schwarze Oliven
Olivenöl
1 EL Paprikapulver
Salz, Pfeffer
⅛ l Rotwein

Kalbfleisch in mundgerechte Stücke schneiden. Zwiebeln und Knoblauch hacken. Die Paprikaschoten aufschneiden, Kerne, Rippen und Stielansätze entfernen und würfeln. Die Tomaten überbrühen, häuten, die Stielansätze entfernen und die Tomaten kleinschneiden. Die Erbsen palen. Die Oliven hacken.

Olivenöl in einer Kasserolle erhitzen und darin das Kalbfleisch mit Zwiebeln und Knoblauch anbraten. Paprika, Tomaten und Oliven dazugeben. Mit Paprikapulver, Salz und Pfeffer würzen und mit Rotwein ablöschen. Die Fleischbrühe dazugießen und das Ragout 45 Min. bei schwacher Hitze kochen.

Kaninchen in Schokoladensauce ***

Conejo con chocolate

¼ l Fleischbrühe (s. S. 62)
1 Kaninchen, ca. 1 kg schwer
1 Lorbeerblatt
½ l trockener Weißwein
150 g Speck
1 Zwiebel
2 Knoblauchzehen
50 g Butter
Salz, Pfeffer
1 Prise Muskat
100 g Kochschokolade

Das Kaninchen in acht Teile zerlegen und über Nacht mit einem Lorbeerblatt in Weißwein einlegen. Den Speck in Würfel schneiden. Knoblauch und Zwiebel hacken. Butter in einer Kasserolle schmelzen lassen, Speck, Zwiebeln, Knoblauch und das abgetropfte Kaninchenfleisch darin anbraten. Mit Salz, Pfeffer und Muskat würzen und mit einem Schuß Weißwein ablöschen.

Die Fleischbrühe in einem Topf erhitzen und die Schokolade darin schmelzen. Gut verrühren und in die Kasserolle mit dem Fleisch geben. Zugedeckt bei schwacher Hitze 60 Min. köcheln lassen.

Kaninchen mit Zwiebeln ***

Conejo con cebollas

1 Kaninchen, ca. 1 kg schwer
1 Kaninchenleber
750 g Zwiebeln
2 Knoblauchzehen
4 Tomaten
1 Bund Petersilie
1 EL Schweineschmalz
Olivenöl
Salz
8 schwarze Pfefferkörner
1 EL Bohnenkraut

Das Kaninchen in acht Stücke teilen. Die Zwiebeln in feine Scheiben schneiden. Den Knoblauch hacken. Die Tomaten überbrühen, häuten, von Stielansätzen befreien und in kleine Stücke schneiden. Die Petersilie mit dem Wiegemesser zerkleinern.

Schweineschmalz und Olivenöl in einem Topf erhitzen, das Kaninchenfleisch und die Leber darin goldbraun anbraten. Die Zwiebeln dazugeben und salzen. Die Leber herausnehmen und beiseitelegen. Die Tomatenstücke dazugeben und das Ganze im geschlossenen Topf 20 Min. bei schwacher Hitze garkochen.

Inzwischen im Mörser die Leber mit Knoblauch, Petersilie, Pfefferkörnern und Bohnenkraut zerstoßen. Ein paar Eßlöffel Sud aus dem Kochtopf entnehmen, in den Mörser geben, mit den anderen Zutaten verrühren und die Sauce über das Kaninchenfleisch gießen.

Ohne Deckel etwas eindicken lassen. Wenn alle Zutaten gar sind (nach ca. 10 – 15 Min.), servieren.

Lammtopf ***

Estofado de cordero

Dieses Rezept eignet sich auch für die Verwertung von Bratenresten oder Fleischknochen. Wichtig ist, daß die Kartoffeln im Sud garen und dessen Geschmack annehmen.

1 kg Lammfleisch (oder Bratenreste oder Fleischknochen)
Salz
1 EL Thymian
1 EL Rosmarin
Olivenöl
1 Schuß trockener Rotwein
500 g Kartoffeln
1 rote Paprikaschote
1 Knoblauchzehe
1 Zwiebel
3 Tomaten
10 Safrannarben (oder 1 TL Safranpulver)

Das Fleisch würfeln, mit Salz, Thymian und Rosmarin einreiben, mit Olivenöl übergießen und ziehen lassen.

Die Kartoffeln schälen, waschen und in große Würfel schneiden. Die Paprikaschote aufschneiden, Kerne, Rippen und Stielansatz entfernen und in Streifen schneiden. Die Zwiebel und den Knoblauch hacken. Die Tomaten überbrühen, häuten, Stielansätze entfernen und kleinschneiden.

Das eingelegte Fleisch in einen Topf geben und erhitzen. Den Paprika dazugeben und anschmoren. Knoblauch und Zwiebel hinzufügen. Die Tomaten zum Fleisch geben und nach 5 Min. mit einem Schuß Rotwein ablöschen. Die Kartoffeln zu den restlichen Zutaten geben und den Topf mit Wasser auffüllen, bis die Kartoffeln bedeckt sind. Safran dazugeben und mit geschlossenem Deckel 30 Min. bei höchster Temperatur kochen lassen. Abschmecken und servieren.

Mit Fleisch gefüllte Äpfel ***

Poma rellena amb carn

Typisch für die katalanische Küche werden für dieses Gericht süße und salzige oder pikante Zutaten vermischt.

1 unbehandelte Zitrone
12 säuerliche grüne Äpfel
100 g Hackfleisch vom Kalb
100 g Hackfleisch vom Schwein
50 g Hackfleisch vom Lamm
3 EL Semmelbrösel
1 Ei
75 g Zucker
Salz
2 EL Mehl
Schweineschmalz
Olivenöl
250 g Zucker
1 TL Zimt
20 g geröstete Mandeln
20 g Pinienkerne
1 Schuß Anisschnaps

Die Zitronenschale abreiben, die Zitrone auspressen und den Saft beiseitestellen. Die Äpfel am Stiel einschneiden und aushöhlen. Das Hackfleisch mit Semmelbröseln, der Hälfte der geriebenen Zitronenschale, dem Ei, 75 g Zucker und Salz vermengen. Die Fleischmasse in die Äpfel füllen und diese mit Mehl bestäuben.

Den Backofen auf 175 ° C vorheizen. Schmalz und Olivenöl in einer Pfanne erhitzen und die gefüllten Äpfel vorsichtig darin anbraten. Eine Kasserolle einfetten und die Äpfel dort hineinlegen.

In einem Topf 250 g Zucker mit dem Zitronensaft karamelisieren, dann mit etwas kochendem Wasser ablöschen. Wenn der Karamel aufgelöst ist, die restliche Zitronenschale dazugeben. Die Sauce über die Äpfel gießen und mit Zimt bestäuben. Die gefüllten Äpfel 45 Min. im Ofen backen.

Mandeln und Pinienkerne mahlen und in Anisschnaps ziehen lassen. Zum Schluß die Anisschnaps-Sauce darübergeben und heiß servieren.

Ragout mit Pilzen ***

Guisado con setas

200 g getrocknete Pilze
1 kg Kalbfleisch
Salz, Pfeffer
2 Zwiebeln
4 Knoblauchzehen
½ Bund Majoran
½ Bund Thymian
250 g Mehl
Olivenöl
1 Schuß trockener Weißwein
500 g frische Pilze (Edelreizker, Steinpilze oder Champignons)

Die getrockneten Pilze 30 Min. lang in kaltem Wasser einweichen.

Das Kalbfleisch in Würfel schneiden, trockentupfen, salzen und pfeffern. Zwiebeln und Knoblauch fein hacken. Kräuter mit dem Wiegemesser zerkleinern.

Das Mehl auf eine Arbeitsplatte geben und das Fleisch darin wenden. Olivenöl in einer Pfanne erhitzen, das Fleisch darin rundherum anbraten, herausnehmen und beiseitelegen.

Zwiebeln und Knoblauch in die Pfanne geben und ebenfalls anbraten. Wenn die Zwiebeln glasig sind, die eingeweichten Pilze mit dem Pilzwasser und den gewiegten Kräutern dazugeben. Das Ganze mit einem Schuß Weißwein ablöschen und bei schwacher Hitze köcheln lassen. Das Fleisch in die Pfanne zurückgeben.

In der Zwischenzeit die frischen Pilze putzen, vierteln und ca. 10 Min. bevor das Fleisch gar ist in die Sauce geben. Weiter köcheln lassen, bis die Sauce eingedickt ist.

Javier Tomeo

Schriftsteller, Kriminologe
und Jurist
Jahrgang 1932
Geboren in Quicena (Aragonien)

Wenn Sie zwei Wochen lang jeden Tag das gleiche essen müßten, wofür würden Sie sich entscheiden?
Für Russischen Salat.

Auf welchen kulinarischen Luxus können Sie mühelos verzichten?
Auf Meeresfrüchte.

Was war Ihre Leibspeise in der Kindheit?
Suppe mit Buchstabennudeln.

Was sind für Ihr Gefühl die drei Grundbestandteile der ursprünglichen spanischen Küche?
Olivenöl, Knoblauch und Petersilie.

Hätten Sie nur eine ganz schmale Rente: Wovon würden Sie sich vor allem ernähren?
Von Brot und getrockneten Bohnen.

Sinnlose Verschwendung: Woran denken Sie da im Bereich Essen und Trinken?
An schlecht zubereitete Bratkartoffeln und Mineralwasser.

Welches ist für Sie das beste klassische Gericht Ihrer Heimat?
Ternasco (Milchlammbraten mit Kartoffeln).

Was ist der schlimmste gastronomische Brauch des 20. Jahrhunderts?
Abfall-Essen: Fast Food.

Bei welchem Essensduft werden Sie schwach?
Beim Geruch von Sofritos, die Basis vieler spanischer Gerichte: Knoblauch, der in Olivenöl angebraten wird.

Sie bereiten ein Liebesmenü für zwei, das sich auch ein Student oder Lehrling leisten könnte. Was gibt es zu essen, was gibt es zu trinken?
Käse und trockenen Weißwein.

Welches spanische Gericht ist zu Unrecht vergessen?
Wenn ein Gericht vergessen wird, dann wohl nicht ungerechterweise. Es wird schon seinen Grund haben.

Wenn Sie in Spanien authentisch, einfach, gut und preiswert essen wollen. Wo gehen Sie hin?
Zu meiner Mutter nach Hause.

Kalbsnieren in Paprikasauce ***

Riñones en salsa de pimientos

2 Kalbsnieren
Olivenöl
⅛ l Sherry-Essig
2 Zwiebeln
2 TL frische Petersilie
4 Tomaten
3 saure Gurken
50 g Butter
1 TL scharfes Paprikapulver
Salz
1 Prise Cayennepfeffer
2 EL Sahne
1 EL Sherry

Wasser in einem Topf zum Kochen bringen. Nieren wässern, häuten, vierteln und in dicke Scheiben schneiden. Kurz ins sprudelnde Wasser tauchen, herausnehmen und trockentupfen. Olivenöl in einer Pfanne erhitzen und die Nierenscheiben kurz darin anbraten und ausbluten lassen. Den Sherry-Essig in eine Schüssel geben, mit etwas Wasser vermischen und die Nierenscheiben 30 Min. darin einlegen. Zwiebeln und Petersilie fein hacken. Die Tomaten überbrühen, häuten, von Stielansätzen befreien und mit einer Gabel zerdrücken. Die Gurken in kleine Würfel schneiden. Nieren aus der Essigbeize nehmen, mit kaltem Wasser abspülen und trockentupfen.

Butter in einer Pfanne erhitzen, die Nieren darin 4 Min. braten, beiseitestellen. Olivenöl in einer zweiten Pfanne erhitzen und die Zwiebeln darin glasig dünsten. Gurken und Tomaten dazugeben, mit Paprikapulver, Salz und Cayennepfeffer würzen und 10 Min. köcheln lassen. Sahne, Sherry und die Nierenscheiben dazugeben, gut umrühren und zum Schluß mit der Petersilie bestreuen.

Schweinelende nach Art von Malaga **

Solomillo malagueño

¼ l Fleischbrühe *(s. S. 62)*
Olivenöl
1 kg Schweinelende
Salz, Pfeffer
⅛ l süßer Sherry
1 Zimtstange
200 g Mandeln
200 g Rosinen

Backofen auf 175 ° C vorheizen. Olivenöl in einer Kasserolle erhitzen. Schweinelende mit Salz und Pfeffer einreiben und von allen Seiten darin anbraten. Mit Sherry und Fleischbrühe ablöschen, die Zimtstange dazugeben und mit geschlossenem Deckel 60 Min. im Ofen garen.

Mandeln überbrühen, abkühlen lassen, Schale abziehen. Die Mandeln fein mahlen. Den Braten aus der Sauce nehmen und in den Ofen zurückstellen. Mandeln in die Sauce rühren, Rosinen dazugeben, einmal aufkochen lassen, abschmecken. Braten in Scheiben schneiden und mit der Sauce übergießen.

Sobrasadakuchen mit Speck **

Coca amb sobrasada i xulla

1 Ei
1 EL Schmalz
4 EL Olivenöl
4 EL Wasser
450 g Mehl
1 TL Salz
8 Scheiben mallorquinische Rohwurst (Sobrasada)
8 Scheiben Speck

Ei, Schmalz, Olivenöl, Salz und Wasser in eine Schüssel geben und verrühren. Nach und nach das Mehl in die Masse sieben. Zum Schluß mit den Händen durchkneten. Den Backofen auf 175 ° C vorheizen.

Eine runde Kuchenform einfetten und einen Zentimeter dick mit dem Teig auslegen.

Nun Sobrasada und Speck auf den Teig legen. Den Kuchen in den Ofen schieben und 30 Min. backen.

Cannelloni nach Art von Katalonien ***

Canelons a la catalana

¼ l Fleischbrühe (s. S. 62)
50 g Butter
40 g Mehl
½ l Milch
1 Prise Muskat
Salz, Pfeffer
50 g gekochter Schinken
200 g Truthahnbrust
3 EL Olivenöl
1 Zwiebel
160 g Hackfleisch vom Kalb
160 g Hackfleisch vom Schwein
⅛ l trockener Weißwein
3 EL Tomatenmark
50 g alter Manchego-Käse
18 Rollen Cannelloni

Den Backofen auf 220° C vorheizen.

Für die Béchamelsauce die Milch in einem Topf zum Kochen bringen. Die Butter in einer Pfanne schmelzen. Mit Mehl bestäuben und unter ständigem Rühren mit der kochendheißen Milch aufgießen. Mit Muskat, Salz und Pfeffer würzen und beiseitestellen.

Den Schinken und die Truthahnbrust in kleine Würfel schneiden und die Zwiebel fein hacken. Olivenöl in einer Pfanne erhitzen und die Zwiebel darin goldbraun braten. Hackfleisch, Schinken und Truthahnbrust dazugeben, von allen Seiten anbraten und mit Weißwein ablöschen. Dünsten lassen, bis die Flüssigkeit verkocht ist. Tomatenmark und Fleisch im Mixer pürieren. Das Fleischpürree zurück in die Pfanne geben und mit der Fleischbrühe aufgießen. Kurz aufkochen lassen. Mit Salz und Pfeffer abschmecken. Den Käse reiben.

Die Fleischmasse in die Cannelloni füllen und in eine gefettete Kasserolle geben. Mit der Béchamelsauce bedecken und mit geriebenem Käse bestreuen. 10 Min. im Ofen gratinieren.

Spinatcannelloni ***

Canelons d'espinacs

250 g Champignons
½ l Milch
40 g Butter
30 g Mehl
2 Eigelb
1 Prise Muskat
Salz, Pfeffer
1 Knoblauchzehe, 1 Zwiebel
200 g Serrano-Schinken
2 kg frischer Blattspinat
3 EL Olivenöl
Sherry
4 EL Tomatenmark
50 g Pinienkerne
100 g Rosinen
½ TL Zimt
Salz, Pfeffer
18 Rollen Cannelloni

Den Backofen auf 220° C vorheizen. Die Champignons putzen und halbieren. Die Butter in einer Pfanne schmelzen, das Mehl einstreuen und gut verrühren. Die Champignons und das Eigelb nacheinander in die Butter geben. Mit Muskat, Salz und Pfeffer würzen. Zum Schluß mit kochendheißer Milch aufgießen und alle Zutaten gut miteinander verrühren.

Wasser mit Salz in einem großen Topf zum Kochen bringen. Knoblauch und Zwiebel mit dem Wiegemesser fein hacken. Den Spinat in Salzwasser waschen und von den Stielenden befreien. Den Schinken in kleine Würfel schneiden. Den Spinat ins sprudelnde Wasser geben, blanchieren, herausnehmen, abtropfen lassen und kleinschneiden.

Das Olivenöl in einem Topf erhitzen. Zwiebel und Knoblauch darin anbraten, den Spinat dazugeben und mit einem Schuß Sherry ablöschen. So lange köcheln lassen, bis die Flüssigkeit eingekocht ist. Jetzt Tomatenmark, Pinienkerne, Rosinen und Schinken unter den Spinat rühren und gut vermischen. Mit Zimt, Salz und Pfeffer abschmecken.

Die Spinatmasse in die Cannelloni füllen und in eine gefettete Kasserolle geben. Mit der Béchamel-Pilz-Sauce bedecken. 10 Min. im Ofen gratinieren.

Bootsreis ***

Arroz de barca

Ein Reisgericht der Fischer, wie sie es auf dem Boot zubereiten.

1 l Fischbrühe (s. S. 62)
1 Zwiebel
1 Knoblauchzehe
1 Tomate
400 g Seehecht
12 kleine Tintenfische (sepias)
3 EL Olivenöl
400 g Reis
8 Venusmuscheln
8 Miesmuscheln
8 Garnelen
8 frische Datteln

Zwiebel und Knoblauch in feine Scheiben schneiden. Die Tomate abbrühen, häuten, vom Stielansatz befreien und die Tomate mit einer Gabel zerdrücken.

Den Fisch waschen, schuppen und entgräten. Die Tintenfische gründlich waschen, die Haut vorsichtig abziehen. Den Kopf mitsamt den Fangarmen abschneiden. Die Sepiaschale aus dem Körper herausheben. Am unteren Ende des Körpers liegt der dunkle Tintenbeutel. Vorsichtig erst die Eingeweide, dann den Tintenbeutel herauslösen. Die Tentakeln vom Kopf trennen, und zwar so, daß sie untereinander durch einen dünnen Fleischring verbunden bleiben.

Olivenöl in einer Pfanne erhitzen. Zwiebel und Knoblauch darin anbraten, die Tomate dazugeben und dünsten lassen. Wenn alles eingedickt ist, den Reis dazugeben und unter ständigem Rühren mitbraten. Nun den Fisch und die Meeresfrüchte dazugeben. Mit Brühe auffüllen und salzen. Köcheln lassen, bis der Reis fast gar ist. Die Pfanne vom Feuer nehmen, die Datteln auf den Reis geben, mit einem Küchentuch abdecken, 5 Min. ruhen lassen und dann servieren.

Fastenreis ***

Arroz de ayuno

Daß man in Spanien auch während der Fastenzeit gut ißt, zeigt dieses Reisgericht aus der Mancha.

300 g gesalzener Stockfisch
1 ½ l Fischbrühe (s. S. 62)
500 g Tomaten
Saft einer Zitrone
Olivenöl
6 Artischocken
250 g frische Erbsen
1 rote Paprikaschote
2 Knoblauchzehen
600 g Reis
Salz

Den Stockfisch 36 Std. lang in kaltem Wasser entsalzen, das Wasser dreimal wechseln. Den Fisch mit Küchenkrepp abtupfen, mit einem scharfen Messer schuppen und entgräten und dabei aufpassen, daß die Haut nicht verletzt wird.

Die Tomaten überbrühen, häuten und in kleine Stücke schneiden. Die Artischocken waschen, die harten Blätter entfernen, die Spitzen der übriggebliebenen Blätter kürzen. Die Artischocken vierteln und einmal durch das Zitronenwasser ziehen, damit sie nicht dunkel werden. Die Erbsen palen. Die Paprikaschote in Streifen schneiden. Den Knoblauch hacken.

Die Fischbrühe in einem Topf zum Kochen bringen.

Olivenöl in einer Pfanne erhitzen. Tomaten und Knoblauch darin anbraten; Erbsen, Artischocken, Paprika und Stockfisch dazugeben und 10 Min. unter ständigem Rühren köcheln lassen.

Den Reis in die Pfanne geben, mit den anderen Zutaten vermischen, kurz andünsten, mit der Fischbrühe auffüllen, abschmecken und 20 Min. kochen lassen. Die Reispfanne vom Herd nehmen, mit einem Küchentuch bedecken und 5 Min. ziehen lassen.

FISCHNUDELN ***

Fideuà

Dieses typisch valencianische Gericht hat seinen Ursprung in einem Fischerdorf namens Gandía und stammt aus dem vorigen Jahrhundert. Ein paar Fischer kehrten eines Tages mit großem Hunger vom Fischfang heim und stellten fest, daß kein Reis mehr in der Vorratskammer war, um die traditionelle Reispfanne zuzubereiten. Ersatz boten ihnen die »Fideus«, kleine feine Suppennudeln. Oft wird die Fideuada nur mit Fischbrühe zubereitet. Wer es sich leisten kann, gibt Meeresfrüchte und Fisch mit hinein. Die Fideuada wird im Ofen überbacken und mit Allioli (Knoblauchsoße, s. S. 185) serviert. Wenn der Chefkoch des Barceloniner Restaurants Pitarra, Marc Roigà, Fideuà zubereitet, stehen die Gäste Schlange. Hier sein Rezept:

1 l Fischbrühe (s. S. 62)
2 Knoblauchzehen
Salz
4 EL Olivenöl
Saft einer Zitrone
2 Zwiebeln
250 g Tomaten
2 EL Olivenöl
1 TL süßer Paprika
400 g Seeteufel
500 g Tintenfische (sepias)
150 g Garnelen
500 g Miesmuscheln
400 g feine Suppennudeln

Den Backofen auf 175 ° C vorheizen. Die Knoblauchzehen schälen, vierteln, mit etwas Salz in einen Mörser geben und zerstoßen. Das Olivenöl unter ständigem Rühren tröpfchenweise hinzugeben, bis eine dickflüssige Sauce entsteht. Den Zitronensaft in die Sauce einrühren und beiseitestellen.

Die Zwiebeln hacken. Die Tomaten überbrühen, häuten, vom Stielansatz befreien und in kleine Stücke schneiden. Olivenöl in einer Pfanne erhitzen und die Zwiebeln darin braten, bis sie glasig sind. Die Tomaten dazugeben und mit Salz und Paprika abschmecken. Wenn die Tomatensauce eingedickt ist, die Pfanne vom Herd nehmen und beiseitestellen.

Den Seeteufel waschen, schuppen, entgräten und in mundgerechte Stücke schneiden. Die Tintenfische gründlich waschen; Haut vorsichtig abziehen. Den Kopf mitsamt den Fangarmen abschneiden. Die Sepiaschale aus dem Körper herausheben. Am unteren Ende des Körpers liegt der dunkle Tintenbeutel. Vorsichtig erst die Eingeweide und dann den Tintenbeutel herauslösen. Die Tentakeln vom Kopf trennen, und zwar so, daß sie untereinander durch einen dünnen Fleischring verbunden bleiben. Den sackförmigen Körper der Länge nach in dünne Streifen schneiden. Die Garnelen waschen. Die Miesmuscheln entbarten, abbürsten und waschen.

Olivenöl in einer Kasserolle erhitzen und den Tintenfisch darin anbraten. Wenn er goldbraun ist, den Seeteufel dazugeben und weitergaren. Sobald der Seeteufel angeschmort ist, die Garnelen hinzufügen, kurz anbraten und wieder aus der Pfanne nehmen und beiseitelegen.

Jetzt die Tomatensauce über Fisch und Tintenfisch geben, zum Kochen bringen und mit der Fischbrühe aufgießen. Wenn die Brühe kocht, die Nudeln dazugeben. Die Kasserolle nach 5 Min. vom Herd nehmen; mit Salz abschmecken. Die Miesmuscheln an den Kasserollenrand, die Garnelen in die Mitte geben. Die Kasserolle in den Ofen stellen und 15 Min. überbacken. Herausnehmen, die Knoblauchsauce darübergießen und die Fideuà nochmals 5 Min. lang gratinieren.

KUBANISCHER REIS **

Arroz a la cubana

300 g Reis
Olivenöl
1 kg Tomaten
1 Zwiebel
1 TL Zucker
Salz, Pfeffer
4 Eier
2 Bananen

Den Reis mit der doppelten Menge Wasser, einer Prise Salz und einem Schuß Olivenöl zum Kochen bringen und 25 Min. garen. Die Tomaten überbrühen, häuten und von den Stielenden befreien. Mit dem Zucker im Mixer pürieren. Die Zwiebel fein hacken.Olivenöl in einer Pfanne erhitzen, die Zwiebel darin anbraten, das Tomatenpüree dazugeben, mit Salz und Pfeffer abschmecken und bei schwacher Hitze köcheln lassen, bis es eingedickt ist. Olivenöl in einer zweiten Pfanne erhitzen und das erste Spiegelei darin braten. Den Reis für jeweils eine Person in ein vorgewärmtes Schälchen geben und auf vorgewärmte Teller stürzen. Die Tomatensauce mit einem Löffel um die »Reiskrone« garnieren. Das Spiegelei auf den Reis legen und eine halbe gebratene Banane auf den Teller geben.

Ofenreis **

Arroz al horno

200 g getrocknete Kichererbsen
1 ½ l Fleischbrühe (s. S. 62)
5 Tomaten
1 Knoblauchknolle
3 Tomaten
300 g Kartoffeln
Olivenöl
200 g mallorquinische Rohwurst (Sobrasada)
600 g Reis

Kichererbsen über Nacht in Wasser einweichen. Fleischbrühe zubereiten. Kichererbsen 1 bis 1½ Stunden in der Fleischbrühe weichkochen und mit dem Schaumlöffel herausholen. Fleischbrühe abseihen und beiseitestellen.

Zwei Tomaten überbrühen, häuten, von Stielansätzen befreien und in kleine Stücke schneiden. Drei Tomaten halbieren. Kartoffeln schälen, waschen und in Scheiben schneiden. Backofen auf 220 ° C vorheizen.

Fleischbrühe in einem Topf zum Kochen bringen. Olivenöl in einer Kasserolle erhitzen. Die ungeschälte Knoblauchknolle darin 3 Min. fritieren. Kartoffelscheiben und Tomaten dazugeben. Die Sobrasada kleinschneiden und mit den Kichererbsen unter das Gemüse rühren.

Reis in der Kasserolle verteilen und mit der Fleischbrühe auffüllen. 10 Min. kochen lassen. Die Kasserolle in den Ofen schieben und 15 Min. überbacken.

Reispfanne nach Art von Valencia ***

Paella

Valencianer und Alicantiner streiten sich darum, wer die bessere Paella zubereitet. Klar ist, daß die Paella das berühmteste Gericht Spaniens ist. Nur bekommt man sie leider selten gut zubereitet serviert. Je nach Saison, Vorratslage und Geschmack variiert dieses Gericht, das ursprünglich ein Resteessen war. Der Phantasie sind keine Grenzen gesetzt. Nur eins ist wichtig: Der berühmte Safranreis darf nicht in Wasser gekocht, sondern muß zuerst in Olivenöl angebraten und dann im Kochsud der übrigen Zutaten gegart werden. Besonders gut schmeckt die Paella, wenn sie über dem offenen Feuer zubereitet wird.

1 l Fisch- oder Fleischbrühe (s. S. 62)
3 rote Paprikaschoten
2 Tomaten
1 Prise Zucker
200 g grüne Bohnen
200 g frische Erbsen
2 Zwiebeln
6 Knoblauchzehen
2 Tintenfische (Sepias)
1 Knoblauchzehe
Olivenöl
2 Hähnchenkeulen
150 g Schweinelende
150 g Lammrippchen
Salz
1 EL Paprikapulver
1 Lorbeerblatt
1 Schuß Anisschnaps
500 g Rundkornreis (ersatzweise italienischer Arborio)
1 Prise Safran
8 Shrimps
400 g Venusmuscheln
Saft einer Zitrone

Backofen auf 175 ° C vorheizen.

Die Paprikaschoten auf ein geöltes Backblech legen und so lange im Ofen grillen, bis die Haut schwarz ist.

Inzwischen die Tomaten überbrühen, häuten, halbieren, den Stielansatz entfernen und Tomaten mit einer Gabel zerdrücken. Eine Prise Zucker zu den Tomaten geben, um ihnen den sauren Geschmack zu nehmen, salzen und beiseitestellen. Die Bohnen putzen und die Erbsen palen. Zwiebeln und Knoblauch mit dem Wiegemesser kleinschneiden.

Die Paprikaschoten aus dem Ofen nehmen und abkühlen lassen. Die verbrannte Haut abziehen. Aufschneiden, Kerne und Stielenden entfernen und der Länge nach in dünne Streifen schneiden.

Die Tintenfische gründlich waschen; die Haut vorsichtig abziehen. Den Kopf mitsamt den Fangarmen abschneiden. Sepiaschale aus dem Körper herausheben. Am unteren Ende des Körpers liegt der dunkle Tintenbeutel. Vorsichtig erst die Eingeweide und dann den Tintenbeutel herauslösen. Die Arme vom Kopf trennen, und zwar so, daß sie untereinander

durch einen dünnen Fleischring verbunden bleiben. Den sackförmigen Körper der Länge nach in dünne Streifen schneiden.

Eine trockene Pfanne mit einer Knoblauchzehe einreiben, aufs Feuer stellen und mit etwas Olivenöl erhitzen. Erst die Zwiebeln und den Knoblauch anbraten, dann das Fleisch und den Tintenfisch dazugeben. Zum Schluß das Gemüse mitdünsten. Mit Salz, Paprikapulver und Lorbeerblatt würzen und einen Schuß Anisschnaps dazugeben.

Wenn der Paprika gar ist, den Reis dazugeben und mitbraten. Nochmal mit Salz abschmecken, den Safran dazugeben. Den Reis entsprechend mit der Brühe aufgießen und nicht mehr umrühren.

Shrimps und Muscheln gründlich waschen und bürsten. Die geöffneten Muscheln wegwerfen, sie sind verdorben! Vor Ende der Garzeit (nach 15–20 Min.) Muscheln und Shrimps auf den Reis geben. 5–10 Min. mitgaren lassen.

Die Paella vom Feuer nehmen, mit einem Tuch bedecken und 5 Min. ziehen lassen. Mit Zitronenscheiben garniert servieren.

TIP: Paella-Variante mit Artischocken und Lammfleisch. Dafür die Artischocken putzen (die harten Blätter abtrennen), einmal durchschneiden und in Wasser vorkochen. Das Artischockenwasser wird für den Reis verwendet und gibt ihm einen besonders delikaten Geschmack.

REISPFANNE MIT FISCH ***

Arroz a banda

Der Name dieses Gerichts ist eigentlich nicht übersetzbar. »Arroz a banda« heißt soviel wie »Reis beiseite«. Der Name spielt darauf an, daß der Reis separat zubereitet und serviert wird, nicht mit den anderen Zutaten zusammen wie bei der Paella. Der Besitzer und Chefkoch des Barceloniner Fischlokals Botafumeiro, Moncho Neira, guckt bei seinen Reisen durch Spanien gern in fremde Töpfe. Aus Valencia brachte er dieses Reisgericht mit. Hier sein Rezept:

3 l Fischbrühe (s. S. 62)
6 Kartoffeln
4 Zwiebeln
3 Knoblauchzehen
150 g Tomaten
1/8 l Olivenöl
2 TL süßer Paprika
Salz
300 g Seeteufel
300 g brauner Zackenbarsch
500 g Tintenfische (sepias)
150 g Garnelen
1 Prise Safran
500 g Reis

Die Kartoffeln schälen, waschen und in Scheiben schneiden. Zwiebeln und Knoblauch fein hacken. Die Tomaten überbrühen, häuten, von den Stielansätzen befreien und in kleine Stücke schneiden.

Olivenöl in einer großen Pfanne erhitzen und darin die Kartoffeln und Zwiebeln anbraten. Mit einem Teelöffel Paprika bestreuen. Wenn die Zwiebeln fertig sind, mit 2 l Fischbrühe ablöschen. Mit Salz abschmecken und weitere 20 Min. bei schwacher Hitze köcheln lassen.

Inzwischen den Fisch waschen, schuppen und entgräten. Die Tintenfische gründlich waschen, die Haut vorsichtig abziehen. Den Kopf mitsamt den Fangarmen abschneiden. Die Sepiaschale aus dem Körper herausheben. Am unteren Ende des Körpers liegt der dunkle Tintenbeutel. Vorsichtig erst die Eingeweide, dann den Tintenbeutel herauslösen. Die Tentakeln vom Kopf abtrennen, und zwar so, daß sie untereinander durch einen dünnen Fleischring verbunden bleiben. Den sackförmigen Körper der Länge nach in dünne Streifen schneiden.

Fisch und Garnelen zu den Kartoffeln geben und 10 Min. bei geschlossenem Deckel mitgaren.

Ein wenig Olivenöl in einer Pfanne erhitzen, den Knoblauch und den Tintenfisch darin anbraten, die Tomaten dazugeben. Sobald der Tintenfisch gar ist, herausnehmen und beiseite legen. Den Tomatensud mit der restlichen Fischbrühe aufgießen und mit einem Teelöffel süßer Paprika würzen. Zum Kochen bringen, den Safran dazugeben und mit Salz abschmecken.

Den Reis gleichmäßig in einer Pfanne anbraten, mit Wasser und einer Kelle Fischsud aufgießen und 20 Min. garen. Pfanne vom Herd nehmen, mit einem Küchentuch zudecken und 5 Min. ziehen lassen. Kartoffeln und Zwiebeln, Fisch, Sepia und Garnelen sowie der Reis jeweils in separaten Schüsseln auftragen. Zum Reis wird noch Allioli (s. S. 185) gereicht.

Reispfanne ***

Arroz rossejat

200 g getrocknete Kichererbsen
300 g Rinderhesse
6 Tomaten
300 g Kartoffeln
50 g frischer Speck
Olivenöl
1 Knoblauchknolle
3 weiße Bratwürste (Salchichas)
3 Zwiebelblutwürste (Morcillas con cebolla)
1 EL süßes Paprikapulver
500 g Reis
Salz

Die Kichererbsen über Nacht in Wasser einweichen.

1½ l Wasser zum Kochen bringen und die Rinderhesse und Kichererbsen darin 45 Min. kochen. Die Fleischbrühe abseihen und die Kichererbsen und das ausgelöste Fleisch beiseitelegen.

Den Backofen auf 220 ° C vorheizen.

Die Tomaten überbrühen, häuten, von den Stielansätzen befreien und in kleine Stücke schneiden. Die Kartoffeln schälen, waschen und in Scheiben schneiden. Den Speck würfeln.

Olivenöl in einer Kasserolle erhitzen und die ungeschälte Knoblauchknolle mit Kartoffeln, Tomaten und den Brat- und Blutwürsten 10 Min. darin braten. Mit Paprikapulver würzen. Den Reis dazugeben, gut verrühren und mit Fleischbrühe ablöschen. Speck, Fleisch und Kichererbsen dazugeben und mit Salz abschmecken und weitere 15 Min. köcheln lassen.

Die Kasserolle 15 Min. in den Ofen stellen und den Arroz rossejat fertiggaren.

Schwarzer Reis ***

Arroz negre

Eine Delikatesse aus Katalonien.

1 ½ l Fischbrühe (s. S. 62)
150 g Tomaten
2 rote Paprikaschoten
3 Knoblauchzehen
1 Zwiebel
500 g Tintenfische (sepias)
⅛ l Olivenöl
1 EL süßes Paprikapulver
600 g Reis

Die Tomaten überbrühen, häuten, von den Stielansätzen befreien und in kleine Stücke schneiden. Die Paprikaschoten waschen, aufschneiden, Rippen, Kerne und Stielansätze entfernen und in kleine Streifen schneiden. Knoblauch und Zwiebel fein hacken.

Die Tintenfische gründlich waschen, die Haut vorsichtig abziehen. Den Kopf mitsamt den Fangarmen abschneiden. Die Sepiaschale aus dem Körper herausheben. Am unteren Ende des Körpers liegt der dunkle Tintenbeutel. Vorsichtig erst die Eingeweide und dann den Tintenbeutel herauslösen. Die Tinte aus dem Tintenbeutel herausdrücken und mit den Eingeweiden zusammen in einem Gefäß zur weiteren Verarbeitung auffangen. Die Tentakeln vom Kopf trennen, und zwar so, daß sie untereinander durch einen dünnen Fleischring verbunden bleiben. Den sackförmigen Körper der Länge nach in dünne Streifen schneiden.

Das Olivenöl in eine große Pfanne geben und die Sepia darin goldbraun braten. Erst Zwiebel und Knoblauch, dann Tomaten und Paprikaschoten dazugeben. Wenn das Gemüse gar ist, den Reis unterrühren, mit Paprikapulver und Salz würzen. Unter ständigem Rühren kurz andünsten, dann mit einem Liter Fischbrühe ablöschen und 20 Min. garen lassen.

Inzwischen den Rest der Fischbrühe und die Tintenfischeingeweide mit der Tinte im Mixer pürieren.

Die Flüssigkeit über den Reis geben und umrühren. Das Ganze mit Salz abschmecken und noch 5 Min. köcheln lassen.

Die Reispfanne vom Herd nehmen und mit einem Küchentuch bedeckt 5 Min. ziehen lassen. Eine Allioli (Knoblauchsauce, s. S. 185) darf zum Schwarzen Reis nicht fehlen.

TIP: Zu diesem Gericht paßt ein katalanischer Schaumwein ebensogut wie ein trockener Rioja.

Stockfischreis ***

Arroz de bacalao

Die Bewohner der Pyrenäen mußten früher auf frischen Fisch verzichten und bereiteten ihren Fischreis deshalb mit Stockfisch zu.

1 kg Stockfisch
1 l Fischbrühe (s. S. 62)
1 Zwiebel
1 kg Artischocken
Saft einer Zitrone
300 g rote Paprikaschoten
250 g Tomaten
3 EL Olivenöl
1 TL süßes Paprikapulver
400 g Reis
Salz

Den Stockfisch 36 Std. lang in kaltem Wasser entsalzen, dabei das Wasser dreimal wechseln. Den Fisch mit Küchenkrepp abtupfen, mit einem scharfen Messer schuppen, entgräten und dabei aufpassen, daß die Haut nicht verletzt wird. Den Stockfisch in mundgerechte Stücke schneiden.

Die Zwiebel hacken. Die Artischocken waschen, die harten Blätter entfernen, die Spitzen der übriggebliebenen Blätter abschneiden. Die Artischocken vierteln und einmal durchs Zitronenwasser ziehen, damit sie nicht dunkel werden. Die Paprikaschoten waschen und kleinschneiden. Die Tomaten überbrühen, häuten und mit einer Gabel zerdrücken. Den Ofen auf 220 ° C vorheizen.

Das Olivenöl in einer großen Pfanne erhitzen und die Zwiebel darin anbraten. Die Artischocken dazugeben, 3 Min. mitbraten lassen; das Paprikapulver darüberstreuen. Die kleingeschnittenen Paprikaschoten hinzufügen und das Gemüse weitere 3 Min. schmoren. Die Tomaten dazugeben und alles so lange köcheln lassen, bis die Flüssigkeit verdampft ist.

Den Reis unter das Gemüse rühren, mit der Fischbrühe aufgießen, salzen und zum Kochen bringen. Nach 10 Min. den Stockfisch auf den Reis legen und im Ofen 15 Min. garen.

GRÜNE SAUCE **

Salsa verde

Die grüne Sauce wird, kurz bevor der Fisch gar ist, in die Pfanne oder die Kasserolle gegeben.

⅛ l Olivenöl
6 Knoblauchzehen
½ Zwiebel
1 Bund Petersilie
1 hartgekochtes Ei
Salz

Das Olivenöl in der Pfanne erhitzen. Feingewiegten Knoblauch und feingehackte Zwiebel darin goldbraun braten. Mit feingewiegter Petersilie, Ei und Salz in einen Mörser geben und zu einem Brei verarbeiten. Eine Kelle Brühe oder Kochsud dazugeben, salzen und über den Fisch gießen.

GRÜNE PAPRIKASAUCE **

Mojo verde

Diese Sauce wird zu gekochtem und gebratenem Fisch oder zu Kartoffeln gereicht.

1 grüne Paprikaschote
2 EL Petersilie
3 Knoblauchzehen
1 TL Kreuzkümmelpulver
1 TL Oregano
Salz
Olivenöl
Sherry-Essig

Die Paprikaschote aufschneiden, Kerne, Rippen und Stielansatz entfernen und hacken. Petersilie und Knoblauch mit dem Wiegemesser zerkleinern. Paprika, Knoblauch und Petersilie mit Kreuzkümmel, Oregano und Salz in einen Mörser geben und alle Zutaten mit dem Stößel zerstampfen. Einen Schuß Olivenöl dazugeben und einarbeiten, dann den Essig dazugeben und weiterrühren. Eventuell mit etwas Wasser verflüssigen.

Knoblauchsauce ***

Allioli

Diese herzhafte Sauce – in Katalonien wird sie zu Schnecken und gegrilltem Fleisch, Reis- und Nudelgerichten gereicht – wurde in Valencia erfunden. Die Allioli ist keine Knoblauchmayonnaise, auch wenn sie fälschlicherweise in fast allen Kochbüchern als solche beschrieben wird. Für die originalgetreue Zubereitung dieser Sauce verwendet man keine Eier!

10 Knoblauchzehen
1 TL Salz
⅛ l Olivenöl

Den Knoblauch fein hacken, in einen Mörser geben und mit dem Salz zu Brei zerstoßen. Unter ständigem Rühren das Olivenöl in den Brei einlaufen lassen und so lange rühren, bis die Allioli dickflüssig ist.

ORANGENSAUCE **

Salsa de naranja

Diese Sauce stammt aus Andalusien. Sie paßt sowohl zu Fisch als auch zu Geflügel und Fleisch. Die Art der Brühe richtet sich nach dem Gericht, zu dem sie serviert werden soll.

¼ l Brühe
4 EL Olivenöl
2 EL Mehl
4 EL Sahne
Salz, Pfeffer
Saft und abgeriebene Schale einer unbehandelten Orange
trockener Sherry
Zucker

Das Olivenöl in einer Pfanne erhitzen und das Mehl darin anschwitzen. Unter ständigem Rühren die Sahne dazugeben und mit Salz und Pfeffer abschmecken. Die abgeriebene Orangenschale, Orangensaft, Sherry und eine Prise Zucker dazugeben.

PIKANTE TUNKE **

Almodrote

Der Almodrote wird vor allem in Andalusien, Kastilien, in Santander und in der Extremadura unter Ragouts und Schmorgemüse gemischt oder zu gegrilltem Fleisch serviert.

2 Knoblauchzehen
50 g geriebener Manchego-Käse
1 EL Kreuzkümmel
1 TL Pfeffer
Salz
Olivenöl

Die feingewiegten Knoblauchzehen und den Käse mit den restlichen Zutaten im Mörser zerstoßen und mit dem Olivenöl zu einer Sauce rühren.

Spanische Sauce ***

Salsa española

Als Anna Maria von Österreich (Tochter von Philipp III.) nach Paris kam, um ihre Hochzeit mit Ludwig XIII. zu feiern, hatte sie zwei spanische Köche dabei. Kardinal Richelieu, Staatsmann und Gourmet, bekam eine ihm unbekannte Sauce serviert, die ihm ausgesprochen gut mundete. Er fragte den königlichen Vorkoster nach dieser Sauce. Der antwortete ihm, die sei Sache der Spanier. Seitdem heißt diese braune Grundsauce Spanische Sauce.

1 l Fleischbrühe (s. S. 62)
1 EL Butter
2 EL Mehl
2 Tomaten
½ Zwiebel
1 Bund aromatische Kräuter (Thymian, Lorbeer, Petersilie, Oregano)
1 Schinkenknochen
1 Rinderknochen
1 Schuß trockener Rotwein
1 Schuß Cognac
Salz

Die Butter in einem Topf erhitzen, das Mehl darin anschwitzen, die pürierten Tomaten und die feingehackte Zwiebel dazugeben. Mit den gewiegten Kräutern würzen. Einen Schuß Rotwein und einen Schuß Cognac angießen, mit Fleischbrühe auffüllen und die Knochen dazugeben. Die Sauce mit Salz abschmecken und 2 Std. bei mittlerer Hitze köcheln lassen. Zwischendurch immer wieder abschäumen, zum Schluß abseihen.

Tomatensauce **

Sofrito de tomate

Das Sofrito ist Grundlage vieler spanischer Gerichte.

Tomaten nach Bedarf
Knoblauch
Zwiebeln
Salz
Pfeffer
Thymian
1 Prise Zucker

Den feingewiegten Knoblauch und die gehackten Zwiebeln in Olivenöl braten, die pürierten Tomaten dazugeben und mit Salz, Pfeffer, Thymian und einer Prise Zucker würzen. Die Sauce bei schwacher Hitze eindicken lassen.

Zigeunersauce **

Salsa de los gitanos

Diese Sauce paßt gut zu gegrilltem Fleisch und Fisch.

1 Knoblauchzehe
1 TL Salz
1 EL Zitronensaft
1 Ei
1/8 l Olivenöl
6 grüne mit Sardellen gefüllte Oliven
4 Pfefferminzblätter
1/2 TL weißer Pfeffer

Feingewiegten Knoblauch, Salz, Zitronensaft und 1 Ei im Mixer pürieren. Unter ständigem Mixen das Olivenöl tröpfchenweise einarbeiten. Zum Schluß Oliven, Pfefferminze und Pfeffer dazugeben und untermixen.

ANTONIOS APFELKUCHEN **

Tarta de manzana de Antonio

Dieser Apfelkuchen ist vor allem bei Besuchern der Oper Liceu in Barcelona beliebt, die nach der Vorstellung in das Restaurant La Garduña von Antonio Magañas gehen, um ein spätes Nachtmahl zu sich zu nehmen. Wenn Antonio mal vergißt, seine Delikatesse zu backen, ist der Protest sicher.

300 g Zucker
½ Tasse Wasser
Saft ½ unbehandelten Zitrone
20 g Butter
4 Äpfel
5 dünne Scheiben altbackenes Weißbrot
1 l Milch
200 g Zucker
7 Eier

Den Backofen auf 175 ° C vorheizen.

300 g Zucker mit dem Wasser in einen Topf geben und bei schwacher Hitze unter ständigem Rühren erhitzen, bis der Zucker eine leicht hellbraune Farbe angenommen hat. Den Zitronensaft einrühren, damit der Zucker nicht kristallisiert. Die Karamelsauce in eine mit Butter gefettete Kastenform geben.

Die Äpfel schälen, vierteln, entkernen und in feine Scheiben schneiden. Das Brot entrinden und in etwas Milch einweichen. Eier, Zucker und Milch im Mixer schlagen.

Eine Lage Brot auf die Karamelsauce in der Kastenform schichten, Äpfel darüberlegen, eine Lage Brot auf die Äpfel schichten und das Ganze mit der Eier-Milch auffüllen. Sollte eine zweite Lage Äpfel und Brot in der Kastenform Platz haben, ebenso verfahren. Die letzte Lage ist immer das Brot. Sie muß ganz mit Flüssigkeit bedeckt sein.

Den Kuchen 60 Min. im Ofen backen. Auskühlen lassen, 30 Min. in den Kühlschrank stellen, dann stürzen.

ARME RITTER **

Torrijas

½ l Milch
1 Schuß Cognac oder Sherry
1 EL Zimt
1 Zimtstange
4 Scheiben altbackenes Weißbrot
2 Eier, Olivenöl
50 g Zucker

Die Milch in einem Topf erhitzen. Zucker, einen Schuß Sherry oder Cognac und die Zimtstange dazu geben. Bevor die Milch kocht, vom Herd nehmen. Die Zimtstange herausfischen. Die Weißbrotscheiben in eine Schüssel legen und die Milch darübergießen. Warten, bis das Brot die Milch aufgenommen hat, auf Küchenkrepp abtropfen lassen. Die Eier schaumig schlagen und das Weißbrot darin wenden.

Das Olivenöl in einer Pfanne erhitzen. Die Armen Ritter von beiden Seiten goldbraun braten und auf Küchenkrepp abtropfen lassen. Mit Zucker und Zimt bestreuen.

Crêpes **

Filloas, frixuelos o freixós

Diese hauchdünnen Pfannkuchen kommen aus Galicien, Asturien und Kantabrien. Besonders beliebt sind sie dort zur Karnevalszeit. In Galicien, wo der Teig mit Schweineblut vermischt wird, sind sie auf fast jeder Speisekarte zu finden.

⅛ l Wasser
⅛ l Milch
4 Eier
200 g Mehl
4 EL Schmalz
1 TL Salz
Marmelade nach Geschmack
1 Schuß Trester (Orujo)

Wasser, Milch, Eier, Mehl und Salz gut verrühren. Das Schmalz in einer Pfanne erhitzen und hauchdünne Pfannkuchen darin ausbacken. Sie können zum Beispiel mit Marmelade gefüllt und zugeklappt werden. Mit Orujo begießen und flambieren.

Tip: Honig und Schokoladensauce eignen sich auch als Füllung.

Feigen in Honigsauce **

Higos villamiel

300 g getrocknete Feigen
150 g Walnüsse
¼ l Rotwein
¼ l süßer Sherry
6 EL Honig
Saft von zwei Orangen
¼ Schlagsahne

Die Feigen über Nacht in Rotwein und Sherry quellen lassen. Am nächsten Tag in einen Topf geben und aufkochen. Den Orangensaft auspressen, die Walnüsse (bis auf vier) und den Honig dazugeben und 15 Min. bei schwacher Hitze kochen lassen. Feigen, Walnüsse und den Sud auf Dessertschälchen verteilen, abkühlen lassen. Die Sahne steif schlagen, über das Dessert geben und jeweils mit einer Walnuß garnieren.

Fettkringel **

Churros

Den bräunlichen Fettkringeln oder -stäbchen gebührt der Ruhm, von alters her das Madrider Frühstücksgebäck zu sein. Überall in Spanien gibt es »fliegende« Churrobäckereien, bei denen man die frisch gebackenen, weder süß noch salzig schmeckenden Fettkringel kaufen kann.

¼ l Wasser
Salz
300 g Mehl
1 l Olivenöl
Zucker zum Bestreuen

In einem Topf das Wasser mit einer Prise Salz zum Kochen bringen. Das heiße Wasser mit dem Mehl im Mixer zu Teig verkneten. So lange durcharbeiten, bis ein dicker Teig entstanden ist; 15 Min. ruhen lassen. Das Olivenöl in einem Topf erhitzen. Den Teig in einen Spritzbeutel füllen, portionsweise ca. 10 cm lange Kringel oder Stäbchen ins heiße Öl spritzen und ausbacken.

Die Churros mit dem Schaumlöffel herausfischen und auf Küchenkrepp abtropfen lassen. Noch heiß mit Zucker bestreuen.

Gebackene Milch ***

Leche frita

½ l Milch
1 Zimtstange
abgeriebene Schale 1 unbehandelten Zitrone
150 g Butter
250 g Grieß (oder Mehl)
125 g Zucker
4 Eier
1 EL Zimt
100 g Semmelbrösel
Olivenöl

Den Backofen auf 220 ° C vorheizen. Die Milch mit der Zimtstange und der Zitronenschale aufkochen. Vom Herd nehmen und abseihen. Die Butter in einem Topf schmelzen. Unter ständigem Rühren den Grieß (oder das Mehl) dazugeben. Zucker und Milch hinzufügen und gut verrühren. Die Eigelb verschlagen und ebenfalls in die Masse einrühren. Die Masse auf ein gefettetes Backblech gießen und 10 Min. im Ofen backen. Die Leche frita abkühlen lassen und in ca. 6 cm lange und breite Stücke schneiden.

Das Eiweiß auf einem Teller mit einer Gabel aufschlagen. Mehl und Semmelbrösel auf zwei weitere Teller geben und die Leche frita erst in Mehl, dann in Eiweiß und zum Schluß in Semmelbröseln wenden. Das Olivenöl in einer Pfanne erhitzen und dann das Dessert fritieren. Auf Küchenkrepp abtropfen lassen und mit Zimt und Zucker bestreut servieren.

Himmelsspeckchen **

Tocinillo de cielo

Dieser Nachtisch enstand als Nebenprodukt der Sherrykelterung. Bevor man den Sherry auf die Flaschen zieht, wird er noch einmal mit Eiweiß geklärt. Das überflüssige Eigelb wird für den Tocinillo de Cielo benutzt. Die Winzer kaufen die Eier und verkaufen das Eigelb an Restaurantbesitzer wie Juan Hurtado vom Gaitán in Jerez de la Frontera, von dem dieses Rezept stammt.

⅛ l Wasser
150 g Zucker
8 Eigelb
abgeriebene Schale 1 unbehandelten Zitrone

Den Backofen auf 220 ° C vorheizen. Das Wasser in einem Topf zum Kochen bringen, den Zucker dazugeben und zu Sirup verkochen. Das Eigelb mit der abgeriebenen Zitronenschale verquirlen; den Zuckersirup dazugeben. Die Flüssigkeit in eine große gefettete Form oder vier Förmchen geben. Heißes Wasser in die Fettpfanne des Backofens füllen. Form oder Förmchen hineinstellen und 15 Min. überbacken. Die Himmelsspeckchen abkühlen lassen, stürzen und vor dem Verzehr 30 Min. kaltstellen.

Johanniskuchen ***

Coca de Sant Joan

Während der Sommersonnenwende steht Barcelona Kopf. Punkt Mitternacht beginnt die Knallerei in der ganzen Stadt. Der Cava fließt in Strömen und die Coca de San Joan wird millionenfach verzehrt. Hier ein Rezept des mit kandierten Früchten und Pinienkernen garnierten Zuckerkuchens.

400 g Mehl
¼ l Milch
25 g Hefe
150 g Zucker
100 g Butter
1 EL Zimt
1 EL Anissamen
1 TL Salz
abgeriebene Schale 1 unbehandelten Zitrone
4 Eier
200 g kandierte Früchte (Orangen, Kirschen)
100 g Pinienkerne

Das Mehl in eine Schüssel sieben und in die Mitte eine Vertiefung drücken. Die Milch in einem Topf wärmen und die Hefe darin auflösen. Die Flüssigkeit mit Zucker, Butter, Zimt, Anis, Salz, geriebener Zitronenschale und den Eiern verschlagen. Zusammen mit der Hälfte der kandierten Früchte in die Mehlvertiefung geben und zu einem geschmeidigen Teig verkneten. Ein flaches ovales Brot formen, die restlichen kandierten Früchte und die Pinienkerne hineindrücken. Den Kuchen 30 Min. gehen lassen. Inzwischen den Backofen auf 220 ° C vorheizen. 40 Min. im Ofen backen.

Tip: Mit einem trockenen Cava (katalanischem Sekt) schmeckt der Johanniskuchen besonders gut.

Karamelpudding ***

Flan

Das Nationaldessert der Spanier. Das Schwierigste an der Zubereitung ist die Karamelsauce. Damit der Zucker nicht steinhart wird, gibt man Zitronensaft dazu. Die nachfolgende Anleitung ist das Grundrezept für den Flan. Nach Geschmack kann man ihn mit Äpfeln, Schokolade oder Kokosflocken variieren.

150 g Zucker
½ Tasse Wasser
Saft 1 unbehandelten Zitrone
1 Vanilleschote
½ l Milch
100 g Zucker
6 Eier

Den Backofen auf 175 ° C vorheizen. 150 g Zucker mit dem Wasser in einen Kochtopf geben und bei schwacher Hitze unter ständigem Rühren schmelzen lassen, bis der Zucker eine hellbraune Farbe angenommen hat. Den Zitronensaft einrühren, damit der Zucker nicht wieder kristallisiert. Die Karamelsauce auf die Dessertschalen verteilen.

Die Vanillestange längs aufschneiden, auseinanderbiegen und in einen Topf geben. Mit der Milch und 100 g Zucker erhitzen, ohne das die Flüssigkeit zu kochen beginnt. Die Eier schaumig schlagen. Die Vanillestange aus der Milch fischen, die Eier in die Milch einrühren und sofort in die Schälchen füllen.

Eine Fettpfanne (oder ein anderes Gefäß) mit Wasser füllen, die Schälchen hineinstellen und so 30 Min. im Ofen garen lassen. Wenn der Flan gestockt ist und eine goldgelbe Farbe angenommen hat, herausnehmen und kaltstellen. Zum Servieren stürzen.

Kastanienpudding ***

Budín de castañas

500 g Eßkastanien
8 EL Milch
3 EL Butter
200 g Zucker
1 EL Kakaopulver
abgeriebene Schale 1 Orange
6 Eier

Den Backofen auf 175 ° C vorheizen.

Die Kastanien auf der flachen Seite einschneiden und 30 Min. im Ofen backen. Die Kastanien noch heiß schälen und im Mixer pürieren. Milch und Butter in einem Topf erhitzen, Zucker, Kakaopulver und Orangenschale dazugeben. Alle Zutaten gut verrühren. Die Flüssigkeit zum Kastanienpüree in den Mixer geben und gut verschlagen, danach abkühlen lassen.

Inzwischen Eier trennen. Das Eigelb unter das Kastanienpüree rühren und gut vermischen. Das Eiweiß zu Schnee schlagen und unter das Kastanienpüree ziehen. In eine gefettete Kasserolle geben und 60 Min. im Ofen backen.

EIERPUDDING ***

Crema catalana

Die Crema Catalana wurde in Katalonien traditionell am 19. März zu Ehren des Heiligen Josef serviert. Heute gehört der Eierpudding zum alltäglichen Küchenrepertoire.

1 l Milch
1 Zimtstange
abgeriebene Schale 1 unbehandelten Zitrone
4 Eigelb
150 g Zucker
50 g Stärkemehl
3 EL kalte Milch
10 EL Zucker

Die Milch mit der Zimtstange und der Zitronenschale in einem Topf zum Kochen bringen.

Inzwischen die Eigelb, den Zucker und das Stärkemehl mit kalter Milch binden und verrühren.

Die kochende Milch vom Herd nehmen, die Zimtstange herausfischen und langsam unter die kalte Eiercreme ziehen. Die Flüssigkeit in den Kochtopf zurückgießen und unter ständigem Rühren erhitzen, bis sie eindickt. In flache Dessertschälchen füllen und kalt stellen.

Vor dem Servieren mit Zucker bestreuen und mit einem Brennstab karamelisieren. Oder eine Karamelsauce (s. S. 213) zubereiten und über die Crema catalana geben.

Mariuja Torres

Reporterin und Kolumnistin der größten spanischen Tageszeitung El Pais, neuerdings erfolgreiche Romanautorin
Jahrgang 1943
Geboren in Barcelona

Wenn Sie zwei Wochen lang jeden Tag das gleiche essen müßten, wofür würden Sie sich entscheiden?
Für Reis in jedweder Variation.

Auf welchen kulinarischen Luxus können Sie mühelos verzichten?
Auf Langusten und Meeresfrüchte allgemein.

Was war Ihre Leibspeise in der Kindheit?
Linsen.

Was sind für Ihr Gefühl die drei Grundbestandteile der ursprünglichen spanischen Küche?
Olivenöl, Knoblauch und Gewürze.

Hätten Sie nur eine ganz schmale Rente: Wovon würden Sie sich vor allem ernähren?
Von Reis.

Sinnlose Verschwendung: Woran denken Sie da im Bereich Essen und Trinken?
An das Mischen ohne jedes Feingefühl.

Welches ist für Sie das beste klassische Gericht Ihrer Heimat?
Caldereta de Pescado (Fischpfanne).

Was ist der schlimmste gastronomische Brauch des 20. Jahrhunderts?
Die Verbreitung des Hamburgers.

Bei welchem Essensduft werden Sie schwach?
Bei dem von Eintopf.

Sie bereiten ein Liebesmenü für zwei, das sich auch ein Student oder Lehrling leisten könnte. Was gibt es zu essen, was gibt es zu trinken?
Gemüse-Risotto, Stockfischsalat mit Tomate und frischen ungekochten Saubohnen, einen Rioja aus dem Sonderangebot.

Welches spanische Gericht ist zu Unrecht vergessen?
Potaje (Eintopfvariation).

Wenn Sie in Spanien authentisch, einfach, gut und preiswert essen wollen. Wo gehen Sie hin?
In die ›Casa Ciriaco‹ in Madrid, wo es Eintopf gibt, oder ins ›Estevet‹ in Barcelona.

Orangen nach Art von Manuel *

Naranjas al estilo de Manuel

Ein einfacher, unkomplizierter und leckerer Nachtisch.

4 Orangen
Olivenöl
Zucker

Orangen schälen und die weiße Haut abziehen. Orangen in feine Scheiben schneiden auf die Dessertteller legen, Olivenöl darüber geben und mit reichlich Zucker bestreuen.

ORANGENKUCHEN **

Tarta de naranja

6 Eier
150 g Zucker
3 Orangen
Salz
300 g Mandeln
75 g Zucker
Weinbrand

Den Backofen auf 175 ° C vorheizen. Wasser in einem Topf zum Kochen bringen, Mandeln abbrühen, abkühlen lassen, schälen und fein mahlen. Eine kleine gefettete Springform mit Mehl bestäuben. Orangenschale abreiben. Eigelb und Zucker im Mixer schaumig schlagen, geriebene Orangenschale, eine Prise Salz und die feingemahlenen Mandeln dazugeben. Das Eiweiß zu Schnee schlagen und unter die Kuchenmasse geben. Den Teig in die Springform füllen und 45 Min. lang backen lassen.

Inzwischen den Saft von zwei der drei Orangen auspressen. Die dritte Orange schälen, die weiße Haut abziehen und in feine Scheiben schneiden. Den Orangensaft mit 75 g Zucker in einer Pfanne erhitzen und 5 Min. bei schwacher Hitze köcheln lassen. Einen Schuß Weinbrand dazugeben. Den Kuchen aus dem Ofen holen, auskühlen lassen und aus der Form nehmen. Die Orangenscheiben auf den Teig geben. Den Orangensaft über den Kuchen gießen, 30 Min. kaltstellen und servieren.

Reispudding mit Creme **

Budín de arroz

400 g Erdbeeren
2 TL Zucker
¼ l Milch
150 g Rundkornreis
½ l Wasser
1 Prise Salz
12 EL Kondensmilch (ersatzweise Sahne)
1 Zimtstange
abgeriebene Schale 1 unbehandelten Zitrone
200 ml geschlagene Sahne
1 Eiweiß
2 TL Zucker

Die Erdbeeren putzen und vierteln. Mit Zucker bestreuen und 2 Std. ziehen lassen. Die Früchte mit Milch bedecken und im Mixer pürieren. Die Sauce kaltstellen.

Auf kleiner Flamme einen halben Liter Wasser mit dem Reis, der Zitronenschale, der Kondensmilch, der Zimtstange und einer Prise Salz aufsetzen. Wenn der Reis gar ist, den Topf vom Feuer nehmen und abkühlen lassen.

Inzwischen die Sahne und das Eiweiß jeweils steif schlagen. So bald der Reis nur noch lauwarm ist, Sahne, Eischnee und Zucker unterheben.

Den Pudding in eine Form geben und für 2 Std. ins Gefrierfach stellen.

Vor dem Servieren den Reispudding aus der Form stürzen und mit der Erdbeersauce übergießen.

Süsser Brei *

Gachas

Gachas werden seit Jahrhunderten in allen Regionen Spaniens in verschiedensten Variationen zubereitet. Es gibt Gachas für Arme und für Reiche, mal werden sie salzig, mal süß zubereitet. Hier ein Nachtischrezept:

4 EL Olivenöl
2 Scheiben altbackenes Weißbrot
1 EL Anissamen
2 EL Mehl
¼ l Milch
3 EL Zucker
1 EL Zimt

Das Olivenöl in einer Pfanne erhitzen und die geachtelten Weißbrotscheiben darin fritieren, herausnehmen und beiseitelegen. Die Anissamen im verbliebenen Öl anbraten. Das Mehl darüberstäuben. Unter ständigem Rühren die Milch nach und nach dazugießen. Rühren, bis das Ganze zu einem dickflüssigen Brei eingekocht ist. Den Zucker dazugeben und weitere 5 Min. rühren. Die Pfanne vom Herd nehmen, das fritierte Brot in den dicken Brei stecken, kaltstellen und vor dem Servieren mit Zimt bestreuen

WEISSER PUDDING **

Menjar blanc

400 g Mandeln
1 l Wasser
200 g Zucker
abgeriebene Schale 1 unbehandelten Zitrone
1 Zimtstange
50 g Stärkemehl

Die Mandeln hacken, in einen Mörser geben und so lange zerstoßen, bis ein Brei entsteht. Mit dem Wasser verrühren. Die Flüssigkeit abseihen und in einem Topf mit Zucker, Zimtstange und Zitronenschale zum Kochen bringen.

Die Stärke in ⅛ l kaltem Wasser auflösen und unter ständigem Rühren einmal aufkochen, dann bei kleiner Flamme eindicken lassen.

In Dessertschälchen füllen und kaltstellen. Vor dem Servieren auf kleine Teller stürzen.

Glossar

Aceite de oliva: Olivenöl. Aus dem Fruchtfleisch der Oliven gepreßtes Speiseöl. Olivenöl darf nicht zu kühl gelagert werden, da es bereits bei 6° C weißliche Flocken aus festen Fetten absetzt und bei 0° C erstarrt. Wer hat sich nicht schon das eine oder andere Mal über den extrem hohen Olivenölkonsum der Spanier gewundert oder die »fette Küche« kritisiert? Studien haben allerdings ergeben, daß in Ländern, in denen Olivenöl den wichtigsten Fettliferanten darstellt, die Cholesterinwerte erstaunlich niedrig sind und das Herzinfarktrisiko geringer ist als etwa in Deutschland. Durch die verschiedenen Verarbeitungsmethoden ist das Olivenölangebot sehr vielfältig.
Gourmets bevorzugen kaltgepreßtes Olivenöl (Aceite de oliva virgen). Es ist in drei Qualitätsstufen erhältlich: Bis zu 1 Grad Ölsäure: Aceite de oliva virgen extra. Bis zu 1,5 Grad: Aceite de oliva virgen fino. Bis zu 3 Grad: aceite de oliva virgen corriente. Das meistverkaufte Olivenöl ist in Spanien wie in Deutschland das Aceite de oliva puro. Diese Qualitätsstufe wird oft mit dem besten, dem kaltgepreßten Olivenöl verwechselt, denn es heißt ja »pur«. Ein Werbetrick, der von den Marketingabteilungen der Raffinerien bewußt gesteuert wird. Aceite de oliva puro ist nichts anderes als raffiniertes Olivenöl, das mit einem verschwindend geringen Anteil von kaltgepreßtem Öl verschnitten wird. Der Kaloriengehalt ist identisch mit dem des Aceite de oliva virgen, es hat aber seinen unverwechselbaren Geschmack, Aromastoffe und Vitamine verloren. Wissenschaftliche Studien haben die extrem gute Verdaulichkeit von Olivenöl nachgewiesen, die der ausgeglichenen Zusammenwirkung von ungesättigten, einfachgesättigten und mehrfach-gesättigten Fettsäuren zu verdanken ist. Deshalb wird das Olivenöl auch als »König« aller Fette bezeichnet. Olivenöl sollte man im Fachhandel (Bioläden, Reformhaus, Fachgeschäft) kaufen. Olivenöl ist geradezu ideal zum Braten, da sein Erhitzungsgrad bei 180° C liegt. Alle anderen pflanzlichen Fette liegen darunter. Außerdem imprägniert Olivenöl Nahrungsmittel weniger als andere Öle.

Aceitunas: Oliven, Früchte des Ölbaums, der hauptsächlich im Mittelmeerraum und im Vorderen Orient kultiviert wird. Die Form der Frucht variiert von erbsen- bis pflaumengroß. Das Fruchtfleisch enthält 20 – 30 % Öl. Die grünen, noch unreif gepflückten Früchte werden entweder durch Abkochen oder durch ein monatelanges Salzlaugebad genießbar gemacht.

Die reifen, schwarzen Früchte werden entwässert und ebenfalls in Salzbäder eingelegt, bis sie weiterverarbeitet oder verzehrt werden können.

Agujas: Hornhecht, ein grätiger Seefisch. Zubereitet wird er auf dem Grill oder in der Pfanne. Er ist aber auch in Dosen erhältlich.

Ajo: Knoblauch. Ursprünglich kommt der Knoblauch aus der Kirgisischen Steppe. Von dort gelangte er über Vorderasien nach Ägypten und dann nach Europa Aus der spanischen Küche ist er nicht wegzudenken. Um einigen Gerichten neben dem würzigen Aroma noch einen frischen Geschmack zu verleihen, wird oft auf den »ajo tierno«, den Lauch des frischen Knoblauchs zurückgegriffen. Knoblauch in großen Mengen verzehrt, wirkt wie ein Antibiotikum. Außerdem beugt er Alterserscheinungen und Arterienverkalkung vor und hilft bei Magen- und Darmbeschwerden.

Albariño: trockener vollmundiger galicischer Weißwein.

Albóndigas: Fleischklößchen Rindfleisch und Speck durch den Fleischwolf drehen, mit Ei binden und herzhaft mit Chilipfeffer, Salz und Knoblauch abschmecken. Die kleinen, flachen Klößchen werden in Olivenöl angebraten und in Tomaten- oder Weißweinsauce zart fertiggegart.

Alcachofa: Artischocke. Faustgroße Blütenfrucht der distelartigen Artischockenpflanze. Beliebtes Gemüse mit zartbitterem Geschmack. Der wohlschmeckendste Teil ist der butterweiche Artischockenboden.

Alcuzcuz: Arabischer Mehlbrei, der mit Kichererbsenpüree und Honig angereichert wird.

Allioli: Knoblauchsauce. Diese herzhafte Sauce wurde in Valencia erfunden. In Katalonien wird sie zu Schnecken und gegrilltem Fleisch, Reis- und Nudelgerichten gereicht. Die Allioli ist keine Knoblauchmayonnaise, auch wenn sie fälschlicherweise in fast allen Kochbüchern als solche beschrieben wird. Für das originalgetreue Rezept verwendet man keine Eier. Für die Zubereitung der Allioli braucht man Geduld und viel Kraft im Arm.

Almeja: Venusmuschel. Man findet sie hauptsächlich an der galicischen Atlantikküste, aber auch vor den Mittelmeerküsten. Venusmuscheln sind in den Monaten Mai bis August am schmackhaftesten.

Almodrote: Pikante Sauce. Der Almodrote wird vor allem in Andalusien, Kastilien, in Santander und in der Extremadura in Ragouts und Schmorgemüse eingearbeitet oder zu gegrilltem Fleisch serviert.

Anchoas oder Anxoves (katalanisch): s. Sardelle.

Anis: 3–5mm lange Samenkörner der im Mittelmeerbereich heimischen Anispflanze. Die würzig-süß schmeckenden Samen werden zum Würzen fein zerstoßen, verlieren dann aber schnell an Aroma. Anis wird zum Verfeinern von Süßspeisen und zum Aromatisieren von Gebäck und Saucen verwendet.

Arroz: Reis. In Spanien wird der grano medio, das mittelgroße Korn angebaut und verwendet. Dieser dicke, rundliche Reis wird in Nordeuropa eher als Kurzkorn eingestuft. Auf keinen Fall sollte japanischer oder chinesischer Kurzkornreis verwandt werden, da dieser zusammenkocht (klebt) und für spanische Gerichte gänzlich unpassend ist. Ersatzweise kann italienischer Arborio oder Vialone verwendet werden. Der Reis wird vor dem Kochen niemals gewaschen. Dadurch nimmt man ihm die Stärke.

Azafrán: Safran. Gewürz aus den orangeroten Narben kultivierter Krokusse. Neben der safrangelben Farbe verleiht er gewöhnlichen Gerichten einen exotisch parfümierten Geschmack. 80000 Blüten ergeben 1 kg Safran, deshalb ist er teurer als Gold. Spanien gehört zu den Hauptanbauländern.

Bacalao oder Baccalà (katalanisch): Stockfisch. Zu Konservierungszwecken in Salz eingelegter und am Stock getrockneter Kabeljau. Der Fisch wird entsalzt, bevor er weiterverarbeitet werden kann. Der zur Delikatesse avancierte Fisch war ursprünglich eine Speise der Armen, die ihn nur durch den undurchlässigen Salzmantel vor dem Verderben schützen konnten.
Die Zubereitung von Stockfisch liegt nicht im Trend der modernen Schnellküche. Der baskische Gastronomiekritiker und Buchautor Rafael García Santos bedauert, daß der Bacalao heute nicht mehr zu den beliebtesten spanischen Gerichten der internationalen Haute cuisine gehört (Anfang des Jahrhunderts waren es die Paella und der Bacalao à la vizcaína). Der Seehecht hat dem Stockfisch den Rang abgelaufen. Und das, obwohl der Seehecht im Vergleich zum Stockfisch blaß im Geschmack ist. Zumindest in Spanien sind auf Bacalao spezialisierte Restaurants, die es in allen größeren Städten gibt, trotz der Krise gut besucht. Um den Bacalao geschmackvoll zuzubereiten, bedarf es einiger Sachkenntnis. In jedem Fall sollte man diesen Fisch im Fachgeschäft kaufen. Dort kann man ihn sich auch schuppen und entgräten lassen. Das Geheimnis der guten Zubereitung fängt beim Entsalzen an. Bei Zimmertemperatur wird der Fisch je nach Größe und Alter zwischen 12 und 48 Std. entwässert. Das Wasser wird dreimal gewechselt. Er soll entschuppt werden, ohne daß die Haut verletzt wird (sonst fällt er

auseinander). Entgrätet wird er mit einer Spezialzange, obwohl es unter Köchen weit verbreitet sein soll, mit den Zähnen ans Werk zu gehen. Auch wenn man den Fisch für ein Gericht mit Sauce verwendet, wird er immer erst mit feingeschnittenen Knoblauchscheiben in einer Pfanne oder Kasserolle bei mittlerer Hitze von der unteren Seite (der Seite mit der Haut) goldbraun gebraten. Da der Fisch nicht gewendet wird, sollte er zu drei Vierteln mit Olivenöl bedeckt sein. Je nach Dicke wird er dann sechs bis acht Minuten in der entsprechenden Sauce oder Beilage gegart.

Béchamelsauce: Mehlschwitze. Louis de Béchamel, Marquis von Nointel, erkaufte sich das Amt des Haushofmeisters am Hofe Ludwigs XIV. Einer der Hofköche widmete ihm die in der spanischen Küche recht beliebte Sauce.

Besugo: Seebrasse.

Boniato: Bataten, Süßkartoffeln. Stärkereiche Knolle eines Windengewächses. Man unterscheidet weiße, rote und gelbe Boniatos. Die gelben schmecken am feinsten. Bataten werden wie Kartoffeln zubereitet, nur mit etwas weniger Salz. Das der Konsistenz der mehligen Kartoffel ähnelnde Fleisch schmeckt süßlich.

Boquerón: Sardelle, die mariniert oder fritiert, aber auch gegrillt gegessen wird.

Borrajas: Borretsch, auch als Gurkenkraut bekannt. Würzkraut für Salat, Pilze und Kohlgemüse. Der Geschmack der jungen, stark behaarten Blätter ähnelt dem frischer Gurken.

Botifarra blanca oder negra (katalanisch): Weiße oder schwarze katalanische Bauernbratwurst. Kann durch Brat- und Blutwurst ersetzt werden.

Cabrales: s. Queso.

Calamar: Er wird auf fast allen Fischmärkten angeboten, auch in Deutschland. Der sackartige Körper eignet sich gut zum Füllen. Die Kochzeit beträgt 30 bis 45 Min. Die feingehackten Tentakeln werden für die Füllung mitverwendet. Der Kalmar ist sehr proteinhaltig, trotzdem nicht zäh. Leider hat man oft das Gefühl, auf Gummiringen herumzukauen, das liegt aber daran, daß er nicht lange genug gekocht wurde. Im Gegensatz zur Sepia haben die Kalmare schlanke, lange Körper, die in einer rhombenförmigen Schwanzflosse enden.

Cava: Die geschützte Marke des flaschenvergorenen, katalanischen Schaumweins, der im gleichen Verfahren wie der berühmte französische Champagner hergestellt wird. Die erste Flasche Cava wurde 1872 von dem Winzer José Raventós in Katalonien, genauer: in dem kleinen Dorf Sant Sadurní d'Anoia entkorkt. Heute wird der

Cava in alle Welt – auch nach Frankreich – exportiert und ist einer der meistgeschätzten spanischen Weine. Zwar ist die Gärung nach einigen Monaten beendet, aber nach spanischem Gesetz muß der Cava vor dem Verkauf 21 Monate gelagert werden.

Chiles oder Chilis: s. Pimientos secos.

Chorizo: Paprikawurst, aus rohem Schweinefleisch und -fett hergestellt. Mit Paprika und Knoblauch oft brennend scharf gewürzt, wird sie an der Luft getrocknet, selten geräuchert. Jede Region Spaniens bringt eine Abwandlung dieser Delikatesse hervor. Roh als Brotbelag, gebraten und als Suppeneinlage wird die Chorizo geschätzt. Sie kann durch Bregenwurst ersetzt werden.

Comino: Kreuzkümmel. Dieses Gewürz haben die Araber mit nach Spanien gebracht. In den meisten spanischen Küchen findet man diesen unverwechelbaren, scharfen Abkömmling der Kümmelfamilie wieder. Comino eignet sich zum Verfeinern sowohl von Salaten als auch von Gemüse- und Fleischgerichten.

Cordero: Lamm. Aufgrund der Hirtentradition Spaniens ein häufig verwendetes Fleisch.

Croquetas: Kroketten, werden in Spanien auf der Basis einer Béchamelsauce in unzähligen Varianten, mit Schinken, Huhn oder Fisch verfeinert, als Vorspeise oder Tapa verzehrt.

Empanadas, Empanadillas: Größere und kleinere Teigtaschen, die als Vorspeise oder Tapa gereicht werden.

Escalivada (katalanisch): Salat aus Auberginen, rotem Paprika und Zwiebeln, die auf dem Holzfeuer gegrillt und dann mit Olivenöl beträufelt werden.

Faves (katalanisch): getrocknete weiße Bohnen.

Freixós: Crêpes, die in Galicien mit Schweineblut und Ei angereichert werden.

Gachas: Getreidebrei.

Garbanzo: Kichererbse. Gelbe Hülsenfrucht, die vor allem im Mittelmeerraum angebaut und verwendet wird. Kichererbsen werden wie getrocknete Bohnen über Nacht in Wasser eingeweicht und in 1–2 Std. weichgekocht. Spanische Hausfrauen und Köche geben etwas Bikarbonat mit ins Wasser. Dadurch werden die Garbanzos etwas verdaulicher und liegen nicht so schwer im Magen.

Gazpacho: Gemüsekaltschale, die aus püriertem, teilweise vorher mariniertem Gemüse und mit viel Kümmel und Pfeffer hergestellt wird.

Gitanos: Zigeuner. In Spanien wird nicht zwischen Sinti und Roma unterschieden. Die spanischen Zigeuner sind stolz darauf, Gitanos genannt zu werden. Sie stammen aus Indien und leben seit mehr als 500 Jahren in Spanien. Nach anfänglicher guter Behandlung (sie kamen im Hafen von Barcelona mit einem Schiff voller Gold an) erlitten die Gitanos ein leidvolles Schicksal, das sie bis heute mit den anderen europäischen Zigeunern teilen. Die Gesamtzahl der Gitanos wird auf ca. 1.000.000 geschätzt. Sie haben keine eigene Küchenkultur entwickelt, aber ihre Art zu kochen zeichnet sich durch die reichliche Verwendung von Fenchel, Zimt und Zitrone aus.

Grelos: Rübenkraut, das vor allem die Galicier beim Kochen verwenden. Zum Beispiel für den Eintopf.

Guindilla: s. Pimientos secos.

Habas tiernas: Dicke Bohnen, Saubohnen.

Higo: Feige, wird in Spanien sowohl frisch als auch getrocknet, besonders gern zu Schinken gegessen.

Hinojo: Fenchel. Leicht nach Anis und Lakritz schmeckendes Gemüse aus dem zwiebelartig verdickten Stengel der Fenchelpflanze. In Spanien verwenden vor allem die Gitanos (Zigeuner) den jungen Fenchel bei der Zubereitung von Speisen.

Jamón de Jabugo: Luftgetrockneter Schinken aus dem Ort Jabugo (Sierra Morena). Er stammt von dunklen iberischen Schweinen, die sich von den Eicheln der Steineichen ernähren.

Jamón de Serrano: Luftgetrockneter Bergschinken, der von dem kleinen schwarzen Schwein Cerdo Ibérico stammt. Die Hinterkeulen werden in einer Höhe von mindestens 700 Metern über dem Meeresspiegel gut 6 Monate in Meersalz gepökelt, bevor sie an frischer Bergluft nochmals 9 bis 16 Monate reifen. Der Schinken hat einen mildsüßlichen aromatischen Geschmack.

Judías: Grüne Bohnen.

Karamelsauce: Sie ist aus der spanischen Küche nicht wegzudenken. Ob auf Flan, Crema Catalana oder Graxoneira. Kristallzucker wird in einer ofenfesten Form gleichmäßig verteilt und im vorgeheizten Backofen (oder im Wasserbad auf dem Herd) mit Wasser zum Schmelzen gebracht. Die Zugabe von Zitrone verhindert, daß der Zucker nach dem Abkühlen hart wird. Nach etwa 10 Minuten, wenn der Zucker goldbraun geschmolzen ist, die Form herausnehmen. Je dunkler der Karamel, desto intensiver der Geschmack.

Lacón fresco: frischer Vorderschinken.

Langostinos: Riesengarnelen, deren Schwänze ein rotweiß marmoriertes zartes Fleisch enthalten.

Mancha: Landstrich in Kastilien, durch den Cervantes seinen fiktiven Ritter Don Quixote reiten ließ. Die Küche der Mancha wird als die Mutter der kastilischen Küche bezeichnet.

Manchego: s. Queso.

Mariscos: Meeresfrüchte.

Merluza: Seehecht. Der Fisch ist im Mittelmeer wie auch im Nordatlantik beheimatet. Sein Fleisch ähnelt dem des Kabeljau, ist aber weiß und fester.

Mero: Zackenbarsch.

Migas: Fritiertes altbackenes Brot, das früher Grundlage für Gerichte armer Leute und Hirten war.

Morcilla: luftgetrocknete Blutwurst, die hauptsächlich aus Schweineblut und -fett hergestellt wird. Als Füllstoff werden Reis, Brotkrumen und Maismehl beigegeben. Pinienkerne, Zwiebeln, Mandeln, Knoblauch, Anis oder Kreuzkümmel verhelfen der Morcilla zu einer Geschmacksskala, die von intensiv rauchig bis mildsüßlich reicht.

Moscatel: Süßer Wein (Muskateller), der in Andalusien aus der Moskateltraube hergestellt wird.

Olivenöl: s. Aceite de Oliva.

Orujo: Grappaähnlicher Trester, aus den Rückständen beim Weinkeltern hergestellt.

Pa amb tomàquet (katalanisch): Tomatenbrot. Geröstete Bauernbrotscheiben, die mit Knoblauch und Tomaten eingerieben, mit Salz bestreut und mit etwas Olivenöl beträufelt werden.

Paella: Reispfanne aus Valencia. Das berühmteste spanische Gericht wird sowohl mit Fleisch als auch mit Meeresfrüchten zubereitet.

Palo Cortado: s. Sherry.

Pimienta: Pfeffer. Er sollte immer nur frisch gemahlen verwendet werden.

Pimentón: Paprikapulver, dessen Geschmacksrichtungen von dulce (süß) bis picante (scharf) reichen. Pimientos del piquillo: Rote, dünnhäutige, spitze Paprikaart. Das Gemüse wird im Backofen, auf dem Grill oder auf dem offenen Feuer gegrillt, bis die Haut Blasen wirft und schwarz verkohlt. Dann läßt sie sich leicht abziehen.

Pimientos secos: Getrocknete Paprikaschoten. Die edelsüßen, milden Sorten, noras, choricero und romescos, werden entweder feingewiegt oder in Wasser eingelegt, bevor man sie mit den anderen Zutaten vermengt. Die scharfen guindillas werden während des Kochens im Ganzen hinzugefügt und vor dem Servieren wieder herausgenommen.

Piñones: Pinienkerne, hartschalige Samen der südeuropäischen Pinie. Der stark ölhaltige Samen hat einen feinen harzähnlichen Geschmack.

Pulpo: Oktopus oder auch Gemeiner Krake. Der Pulpo ist ein achtarmiger Tintenfisch mit jeweils zwei Reihen von Saugnäpfen. Er muß lange gekocht werden, bis er weich ist. Bei großen Exemplaren empfiehlt sich, das Fleisch vor dem Kochen weichzuklopfen. Der Pulpo ist vor allem an den Felsküsten des Atlantiks und im Mittelmeer verbreitet. Wie alle anderen Tintenfische geht auch der Pulpo nur nachts auf Beutefang.

Queimada: galicischer Hexentrunk, der aus Trester, (s. Orujo) Rotwein und Zucker besteht. Er wird traditionell in der Nacht vor Allerheiligen getrunken und zur Sommersonnenwende. Das folgende Queimada-Rezept stammt von Fernando, dem »Gran Qeimador de Galicia«, dem galicischen Großmeister der Queimada. Um diesen Titel zu verdienen, muß man mehr können, als nur das Getränk brauen: Fernando muß singen, erst leise, dann schreiend, Geschichten von Hexen erzählen, Bärte verbrennen und andere okkultistische Zeremonien abhalten. Aber er versicherte mir, daß man eine Queimada auch einfach zu Hause und ohne Geschrei zubereiten könne.

1 l Orujo (Trester)
1 unbehandelte Zitrone
1 Tasse Zucker

Orujo langsam in einen Keramiktopf gießen. Die in Scheiben geschnittene Zitrone hinzufügen und mit einem Eichenzweig anzünden. In einer Pfanne den Zucker erhitzen, bis er karamelisiert, und hinzufügen. Wenn die Flamme blau wird, das Feuer mit einem Leinentuch löschen. Keramiktassen vorwärmen, die Queimada darin servieren. In kleinen Schlucken trinke, und den Dampf des heißen Gebräus dabei inhalieren.

Queso: Käse. In Spanien gibt es überwiegend Hartkäsesorten wie den Manchego. Dieser charakteristische Schafsmilchkäse stammt aus der Heimat Don Quixotes und hat je nach Reifestufe einen mild-aromatischen bis leicht säuerlichen Geschmack. In Spanien wird der Käse zum Aperitif gereicht. Der Cabrales ist ein Schafskäse aus den Picos de Europa, der durch seine bröckelige Konsistenz und die charakteristische Blauschimmelwucherung dem französischen Roquefort ähnelt. Im Geschmack ist er herber, ohne den strengen süßsauren Nachgeschmack.

Rape: Seeteufel, auch Lotte genannt. Besonders der Schwanz des gedrungenen, durchschnittlich 60 cm langen Fischs birgt weißes, festes und überaus schmackhaftes Fleisch.

Revoltillo: Rührei oder Bauernfrühstück, das unter Beigabe von frischem Gemüse und/oder Speck als Beilage oder auch als Hauptgericht gegessen wird.

Rodaballo: Steinbutt. Schuppenloser Plattfisch, der mit einem Gewicht zwischen 1 und 5 kg auf den Markt kommt. Das feinste Fleisch liefert der Nordseesteinbutt, es ist reinweiß und fest. Steinbutt wird gekocht, gedämpft, gebraten, gebacken oder gegrillt.

Sacromonte: Heiliger Berg – wird das berühmte Höhlenviertel oberhalb Granadas genannt, in dem noch heute viele Gitanos wohnen.

Salmorejo: Essenz des Gazpacho ohne Gurke, wird in Andalusien mehr als Paste denn als Suppe serviert.

Sardelle: Kleiner Heringsfisch Süd- und Westeuropas. Sardellen werden in Spanien roh in Essigbeize eingelegt oder gebraten.

Sardina: Sardine. Heringsähnlicher Jungfisch, der wie die Makrele als Fisch der Armen bekannt ist. Die von Juli bis September gefangenen Fische sind die besten. Auch wenn bei der Zubereitung ein penetranter Geruch entsteht, sind Sardinen mit Knoblauch gegrillt oder fritiert eine Delikatesse.

Sepia: Die Sepia ist der Tintenfisch unter den Tintenfischen. Sie kann – Fangarme mitgerechnet – eine Länge bis zu 65 cm erreichen. Ihr Körper mißt im Durchschnitt 30 cm. Sepia, als Gemeiner Tintenfisch bekannt, gibt es im gesamten Atlantik, von Norwegen bis Südafrika. Vor allem in Spanien wird die Tintenflüssigkeit mitverwendet. Rezepte mit dem Zusatz »en su tinta« verweisen auf die würzige Tinte.

Sherry: Vino de Jerez, der aus der gleichnamigen Stadt Jerez de la Frontera stammt. Die ersten Winzer von Jerez sollen die Phönizier gewesen sein, denn Griechen und Römer fanden dort schon Weinstöcke und Amphoren vor. Der Import des Fino wurde von Sir Francis Drake auf eigentümliche Weise begonnen: Nach der gewonnenen Schlacht gegen die spanische Armada im Jahre 1588 ließ er 3000 Schläuche aus der Hafenstadt Cádiz mitgehen, die er nach England brachte. Die Pedro-Ximénez-Traube, die Grundlage für die Abocados (süßen Sherrys), haben die Sherry-Barone allerdings einem Deutschen zu verdanken. Peter Siemens, Soldat unter Karl V., brachte diese Traubensorte vom Rhein nach Jerez.
Aus dem Most der Trauben namens Palomino und Pedro-Xi-

ménez wird der weltberühmte Jerez-Xérez-Sherry elaboriert. Das Mikroklima, der Wind, die besondere Bodenbeschaffenheit und das Rotationssystem (Solerasystem), das alte und neue Weine miteinander vermischt, sind die wesentlichen Elemente, die den Sherry zu dem machen, was er ist. Über eine Million Fässer ruhen drei- oder vierstöckig übereinander mit je 500 Litern mandelfarbenem trockenen oder bernsteinfarbenem süßen Wein gefüllt in der »Stadt der Kathedralen«, wie Jerez de la Frontera auch genannt wird. Bis der Wein fermentiert und ausgebaut werden kann, müssen 30 verschiedene Arbeitsgänge durchgeführt werden. Mit 140461 Hektar gehört das Sherry-Weinanbaugebiet zu den größten Spaniens. Die Weine werden nach ihren Eigenschaften als Finos, Amontillados, Olorosos und Dulces (Abocados) klassifiziert, mit Weinalkohol angereicherter und in Eichenfässern ausgebaut. Der junge Wein, der noch ein zweites Mal klassifiziert wird, durchläuft später einen Reifungsprozeß, der dafür bürgt, daß der Sherry, bei dem es weder gute noch schlechte Jahre gibt, immer von gleichbleibender Qualität und gleichem Geschmack ist. Durch das Rotationsverfahren (Solerasystem) werden alte und junge Sherrys der gleichen Klasse miteinander verschnitten. Der älteste Wein befindet sich in der unteren Faßreihe, den Soleras, aus denen man den zum Verkauf bestimmten Sherry abzapft und auf Flaschen zieht. Aus diesen Fässern wird ein Drittel abgezapft und mit einem Drittel aus der mittleren Faßreihe (Primera Criadera) aufgefüllt. Was jetzt in der mittleren Reihe fehlt, wird aus der obersten Reihe (Segunda Criadera) aufgefüllt, die wiederum mit dem ihr entsprechenden jungen Wein aufgefüllt wird. Das Solerasystem, das jährlich zwei- bis dreimal durchgeführt wird, garantiert Jahr für Jahr gleichen Geschmack und je nach Sherry-Typ ein bestimmtes Durchschnittsalter.

Die Finos sind drei bis acht, die Amontillados acht bis zwölf und die Olorosos fünf bis zwölf Jahre alt, wenn sie auf Flaschen gezogen werden. Obwohl alle Sherrysorten aus dem gleichen Anbaugebiet kommen, haben sie alle einen eigenen unverwechselbaren Charakter, der die einen zum Aperitif oder Tischwein, die anderen zum Dessertwein macht. Da vor allem die süßen Sherrys exportiert werden, wird er fälschlicherweise als Dessertwein bezeichnet.

Das unverwechselbare Bouquet, das dem Fino seinen mandelartigen Geschmack gibt, hängt mit einem besonderen Pilz zusammen, der jeden anderen Wein verderben würde, nur nicht den Fino. Der Pilz, der in der Palomino-Traube sitzt, bildet die sogenannte Flor (Blüte), welche im Frühjahr und im Herbst den ruhenden Wein mit einer weiß-samtigen Schicht überzieht. Der Oloroso durchläuft aufgrund seines hohen

Alkoholgehaltes, den die Flor nicht verträgt, einen anderen Prozeß. Er wird unter Sauerstoffeinfluß reduziert. Die süßen Pedro-Ximénez-Trauben hingegen, die man für die Abocados verwendet, werden vor dem Pressen zu Rosinen getrocknet und geben dadurch das entsprechende Bouquet.
Der Manzanilla reift in Sanlúcar de Barrameda. Er ist von gelbblasser Farbe und hat ein trockenes, leicht bitteres Aroma. 15,5–16° Alkohol.
Der Fino wird durch seine blaßklare bis blaßgoldene Farbe, ein weich stechendes Aroma und einen leicht säuerlichen Mandelgeschmack charakterisiert. Die bekannteste Marke ist zweifelsfrei Ina von Pedro Domecq. 15,5–17° Alkohol.
Der Manzanilla pasado erinnert von der Farbe her an einen Topas. Er hat einen sanft stechenden Geruch und einen leicht bitteren Geschmack, der an Ölfrüchte erinnert. Bis 20° Alkohol.
Die Amontillados liegen farblich zwischen Bernstein und Topas und haben einen stechenden Geruch. Der sehr trockene Sherry hinterläßt einen haselnußartigen Geschmack auf der Zunge. 17–18° Alkohol.
Die Palos Cortados sind bernsteinfarben und zeichnen sich durch ein samtiges, aber scharfes Aroma aus. Dieser Wein ist trocken und doch vollmundig. 18–20° Alkohol.
Die Olorosos haben eine altgoldene Farbe, einen intensiven samtigen Geruch und sind im Geschmack süßlich walnußartig. 18–20° Alkohol.
Die Rayas haben eine dunkelgoldene Farbe, ein intensives samtiges, aber reines Aroma und hinterlassen einen substanzhaft süßlichen, rauhen Geschmack auf der Zunge. 18° Alkohol.
Die Abocados sind mahagonifarben, haben ein fruchtiges rosenartiges Aroma und zeichnen sich durch große Süße aus. 22–24° Alkohol.

Sherry-Essig: Essig, der aus Sherry gewonnen wird. Neben Weinessig in der spanischen Küche sehr gebräuchlich.

Sidra: Moussierender Apfelwein, eine Spezialität aus Asturien.

Sobrasada: Rohwurst aus Rindfleisch, gepökeltem Schweinefleisch und Speck. Gewürzt wird die luftgetrocknete Wurst aus Mallorca mit Knoblauch sowie Rotwein.

Solomillo: Lendenfleisch.

Salsa española: Spanische Sauce. Sie ist die braune Grundsauce der europäischen Küche.

Tapa: Appetitanregendes kaltes oder warmes Häppchen.

Tortilla oder Truites (katalanisch): Omelette. Die Kartoffeltortilla auch Tortilla española (Spanische

Omelette) genannt, ist keine Erfindung der Spanier, sondern wurde zum ersten Mal in einem belgischen Kochbuch schriftlich festgehalten.

Venusmuschel: s. Almeja.

Vinagre: Essig, in Spanien sind vor allem Sherry-Essig und Weinessig beliebt. In Deutschland ist der aromatische spanische Essig, der aus Wein hergestellt wird, meist nur in Feinkostläden erhältlich.

Vino: Wein. Oft werden beim Kochen billige Verschnittweine verwendet, die das Essen eher verhunzen und Kopfschmerzen bereiten. Kenner wählen auch diese Weine sehr sorgfältig aus. Als Faustregel kann gelten, den für das Menü ausgesuchten Wein auch bei der Zubereitung zu verwenden. Schwerer gerbsäurehaltiger Rotwein, wie zum Beispiel der Garnacha oder Cariñena, eignet sich sehr gut dazu, Speisen zu verfeinern. Wer das Aroma der Crianza und ein vielfältiges Bouquet bevorzugt, sollte auf Weine aus der Rioja oder der Ribera del Duero zurückgreifen. Für Gerichte, bei denen die Zutaten einen großen Eigenwert haben, empfehlen sich Cabernet-Sauvignon- und Merlot-Weine, die in Navarra, Katalonien, Kastilien und León angebaut werden. Weißweine eignen sich wegen ihres fruchtigen Aromas besonders gut für Fisch und Meeresfrüchte. Hier sind der Viura, der Albariño- und die Penedés-Weine besonders hervorzuheben. Viele Gerichte können auch mit einem Schuß gutem trockenem Sherry veredelt werden.

In Spanien sind 146 Traubensorten registriert, die die Weinbauern den robusten Weinstöcken aufpfropfen. Berühmt sind die roten Tempranillo-Trauben, die den guten Rioja-Weinen das Aroma geben, die galicischen Albariño- und die katalanischen Xarello-Trauben, aus denen exquisite Weißweine werden. In den letzten Jahren experimentieren die Winzer viel mit importierten Trauben, zum Beispiel mit dem französischen Cabernet-Sauvignon.

Das Anbaugebiet der Ribera del Duero gehört zur Zeit international zu den renommiertesten. Verantwortlich für diesen Erfolg war die Bodega Vega Sicilia. Die Weine aus dem Hause Vega Sicilia gehören zu den besten und teuersten Spaniens. Der Tinto Pesquera von Alejandro Fernández gehört ebenfalls zu den hervorragenden Rotweinen aus diesem Anbaugebiet.

Auch in der wohl bekanntesten Weingegend Spaniens, der Rioja, wachsen vor allem Tempranillo-Trauben. Zu den besten Rioja-Weinen zählen Marqués de Cáceres, Marqués de Riscal, Marqués de Romeral, Viña Tandonina, El Coto, Muga, Viña Izadi und Artadi.

Für Katalonien sind in erster Linie die Roséweine und Schaumweine erwähnenswert, die in Perelada erzeugt werden, Blanc de Blancs, Blanc Pescador. Im Penedés, südlich von Barcelona werden mehr Traubensorten als in jeder anderen Weingegend Spaniens gepflanzt. Ausländische Sorten werden hier in Pionierarbeit an Boden und Klima angepaßt. Der erste, der neue Trauben in dieses Anbaugebiet brachte, war Miguel A. Torres, Erbe der Bodegas Torres. Er begann in den 60er Jahren mit berühmten französischen Sorten: Cabernet-Sauvignon, Merlot, Pinot Noir, Chardonnay und Cabernet-Blanc. Der Erfolg gab Torres recht. Der Coronas Reserva 1970 Black Label aus Cabernet-Sauvignon-Trauben gewann bei der Weinolympiade 1979 in Konkurrenz zu den berühmten Bordeaux-Weinen den ersten Platz. Zu den guten Rotweinen aus dem Penedés gehört Torres Gran Coronas. Leichte und gleichzeitig herbe Weißweine, die gut zu Fischgerichten passen, kommen aus Galicien: der Ribeira (Ribeiro de Avia) und der Albariño (Lagar de Cervera). Der delikat trockene Albariño Gran Bazán, der mit dem Preis des besten Jungweines bedacht wurde, rundet z. B. den feinen Geschmack des Seeteufels wunderbar ab.

Zarzuela: Meeresfrüchteeintopf, eine Spezialität Kataloniens, benannt nach dem volkstümlichen Singspieltypus der Zarzuela.

Rezeptregister

Bildnachweis

Die Fotos stammen von:
Gottfried Aigner, München (S. 8, 92, 132, 202);
Pilar Aymerich, Barcelona (S. 200);
Arpad Bondy, Berlin (S. 162);
Fotoformat (S. 13, 185);
Ulrich Kerth (S. 192);
Martin Thomas, Aachen (S. 158. 190);
Okapia, Frankfurt (S. 29);
StockFood: Z. Sandmann/Banderob (S. 11) –
Paolo Tiengo (S. 32, 136) – Bildagentur Eising (S. 66) –
Michael Brauner (S. 82) – Bruno Hausch (S. 114, 176);
VISION Agency, Barcelona:
Dani Codina (S. 25, 48, 76) – Rosmi Duaso (S. 15, 121, 141, 182) –
Jordi Ferrer (S. 45) – Xavier Marti (S. 88, 99).